本書係「敦煌文獻系統性保護整理出版工程」項目成果

二〇二一—二〇三五年國家古籍工作規劃重點出版項目

「十四五」國家重點出版物出版規劃項目

國家古籍整理出版專項經費資助項目

中國國家圖書館藏敦煌文獻

中國國家圖書館 編

第六四册

BD00956～BD00966

國家圖書館出版社

DUNHUANG MANUSCRIPTS IN THE NATIONAL LIBRARY OF CHINA

064

BD00956 ~ BD00966

compiled by the

National Library of China

National Library of China Publishing House

凡例

一　本書刊布中國國家圖書館藏敦煌文獻，以館藏編號爲序編排。

二　館藏編號采用「BD+流水號」格式，如BD00001, BD16579等。背面在編號後加v表示。一個編號包含多件文獻者，編號後分别綴以字母A, B, C等。一件文獻含有多個内容者，以數字-1, -2, -3等標明順序。

三　圖版有縮印或放大處另加説明，尺寸超出本書幅面的以摺葉形式呈現。

四　卷軸裝、梵夾裝、經摺裝等裝幀形制的敦煌文獻，各附外觀圖像。

五　每件文獻依次呈現外觀、正面、背面等。背面僅刊布有文字、圖像或其他要素的圖版，而略去素紙部分，背面圖版同樣以從右到左順序編排。凡有外題者，遵從以上原則。

六　除個别特殊情况外，爲保證閲讀連貫、流暢，圖版儘量通欄呈現。

七　各葉上方附該件文獻全圖，以高亮形式顯示本葉大圖在全卷中的位置。部分長卷文獻全圖衹能分多段呈現時，在上段末以<符標示下段接續。卷尾内容不足一葉時，文獻全圖使用該圖卷尾部分，亦以<符標示。背面圖版文字與正面文字方向相反時，文獻全圖按原貌顯示，正文翻轉呈現，以便閲讀研究，用↻符標示。

八　文獻題名大體沿用中國國家圖書館此前所編多部敦煌文獻目録的考證，部分吸收學界最新研究成果略作調整和完善。文獻題名綜合參考原卷首題、尾題、外題確定，如原卷題名與該文獻正式名稱不同，則采用正式名稱；無題名者，或比定題名，或擬定新名。非漢文文獻在題名前標注語種。有分卷不同等其他情况者，括注於文獻名稱後。

九　本書著録使用通行繁體字，涉及原文中的人名、地名等，必要時保留原字形。

About this publication

1. The documents are presented in shelfmark order.
2. The shelfmarks are in the form BD plus a running number, eg. BD00001, BD16579, &c. If a given shelfmark contains multiple documents, these are distinguished by the letters A, B, C, &c. If a document has multiple contents, they are distinguished by the numbering 1, 2, 3, &c. The verso side of an item is indicated by the letter v.
3. If it has been necessary to reduce or enlarge the size of an illustration, the dimensions are indicated. If the size of an illustration exceeds the size of the book, a folding sheet is used.
4. If the document is a scroll, a folded sutra, or has a stitched binding, a picture of the whole object is provided to show its external appearance.
5. The cover, front, and back of each document are reproduced in sequence. The back of a document is only reproduced if it contains text, illustrations, or other markings, and it is oriented from right to left. If it is blank it is not reproduced.
6. Except in a few special cases, the lines of text are reproduced unbroken to make them coherent and easier to read.
7. An illustration of the complete document is reproduced at the top of each page, and the section where the main illustration appears is highlighted in order to indicate its position. If it has only been possible to reproduce a long scroll in sections, the direction symbol has been used to indicate where one illustration ends and the next one begins. If the end of the scroll occupies less than one page, the direction symbol is used to indicate its position in the illustration of the complete document. If the text on the back of the document has a different orientation from the text on the front, it is reproduced as it is, but is also rotated (indicated with the rotation symbol) so that it can be read easily.
8. The titles of the documents generally conform with those already established by the Library, but in some cases have been amended by drawing on the most recent scholarly research. The titles are derived firstly from the beginning of the text, then from the end of the text, and lastly from the cover. If the title of a document differs from its authoritative form, the authoritative form is used; and if a document has no title, one is either supplied by comparison with similar documents, or a new one is devised. If the document is not in Chinese, its language is indicated before the title. If the number of juan is different from that of the authoritative version, or if there are other irregularities, this is noted.
9. The documents in the book are in traditional Chinese characters. Where the title contains personal or place names, the original characters used for these names are retained.

(Translated by David Helliwell)

第六四册目録

BD00956　摩訶般若波羅蜜經鈔（擬）

325.3cm × 26.4cm

天兜率天化樂天他化自在天其衆天乃至
阿迦尼吒天光不現須菩提菩薩摩訶薩行
般若波羅蜜時菩薩句義无所有亦如是何
以故是阿耨多羅三藐三菩提菩薩菩薩句
義是一切法皆不合不散无色无形无對一
相所謂无相如是須菩提菩薩摩訶薩一切
法无閡相中應當學亦應當知須菩提白佛
言世尊何等是一切法云何一切法中无閡
相應學應知佛告須菩提一切法者善法
不善法記法无記法世間法出世間法有漏
法无漏法有為法无為法共法不共法須菩
提是名為一切法菩薩摩訶薩是一切法无
閡相中應學應知

摩訶般若波羅蜜經无生品第廿五

支佛道我亦不欲令菩薩作難行為衆生受
種種苦菩薩亦不以難行心行道何以故舍
利弗生難心苦心不能利益无量阿僧祇衆
生舍利弗今菩薩憐愍衆生於衆生如父母兄
弟想如兒子及己身想如是能利益无量阿
僧祇衆生用无所得故所以者何菩薩摩訶薩
應生如是心如我一切處一切種不可得內
外法亦如是若生如是想則无難心苦心何
以故是菩薩於一切種一切處一切法不受
故舍利弗我亦不欲令无生中佛得阿耨多
羅三藐三菩提亦不欲令无生中轉法輪亦
不欲令以无生法得道舍利弗語須菩提令
欲令以生法得道以无生法得道須菩提語
舍利弗我不欲令以生法得道舍利弗言令
須菩提欲令以无生法得道須菩提言我亦

舍利弗我不欲令以生法得道舍利弗言令
須菩提欲令以无生法得道須菩提言我亦
不欲令以无生法得道舍利弗言知須菩提
所説无知无得須菩提言有知有得不以二
法令以世間名字故有知有得世間名字故
有須陁洹乃至阿羅漢辟支佛諸佛第一實
義中无知无得无須陁洹乃至无佛須菩提
若世間名字故有知有得六道別異亦世間
名字故有非以第一實義耶須菩提言如是
如是舍利弗如世間名字故有知有得六道
別異亦世間名字故有非以第一實義何以
故舍利弗第一實義中无業无報无生无滅
无淨无垢舍利弗語須菩提不生法生生法生
須菩提言我不欲令不生法生亦不欲令生
法生舍利弗言何等不生法不欲令生須菩

提言色是不生法自性空不欲令生受想行
識不生法自性空不欲令生乃至阿耨多羅
三藐三菩提不生法自性空不欲令生舍利弗
語須菩提生生不生生須菩提言非生生亦
非不生生何以故舍利弗生不生是二法不
合不散无色无形无對一相所謂无相舍利
弗以是因緣故非生生亦非不生生尒時舍
利弗語須菩提須菩提樂說无生法及无生
相須菩提語舍利弗我樂說无生法亦樂說
无生相何以故諸无生法无生相樂說及語
言是一切法皆不合不散无色无形无對一相
所謂无相舍利弗語須菩提汝樂說不生法亦
樂說不生相是樂說語言亦不生須菩提言
如是如是舍利弗何以故舍利弗色不生受
想行識不生眼不生乃至意不生地種不生

BD00956　摩訶般若波羅蜜經鈔（擬）

如是如是舍利弗何以故舍利弗色不生受
想行識不生眼不生乃至意不生地種不生
乃至識種不生身行不生口行不生意行不
生檀波羅蜜不生乃至一切種智不生以是因
緣故舍利弗我樂說不生法亦樂說不生相
是樂說語言亦不生尒時舍利弗語須菩提
須菩提於說法人中應最在上何以故須菩提
隨所問皆能荅須菩提言諸法无所依故舍利
弗語須菩提云何諸法无所依須菩提言色
性常空不依內不依外不依兩中間受想行
識性常空不依內不依外不依兩中間眼耳
鼻舌身意性常空不依內不依外不依兩中
間色性常空乃至法性常空不依內不依外
不依兩中間檀波羅蜜性常空乃至般若波
羅蜜性常空不依內不外不依兩中間內

空性常空乃至无法有法空性常空不依內
不依外不依兩中間舍利弗四念處性常空
乃至一切種智性常空不依內不依外不依
兩中間以是因緣故舍利弗一切諸法无所
依性常空故

摩訶般若波羅蜜經面各千佛品第卌二

須菩提白佛言是般若波羅蜜无所作佛言
作者不可得故色不可得乃至一切法不可
得故世尊若菩薩摩訶薩欲行般若波羅
蜜云何行佛告須菩提菩薩摩訶薩欲行般
若波羅蜜不行色是行般若波羅蜜不行受
想行識是行般若波羅蜜乃至不行一切智
是行般若波羅蜜不行色常无常是行般若
波羅蜜乃至一切種智不行常无常是行般
若波羅蜜不行色苦苦樂是行般若波羅

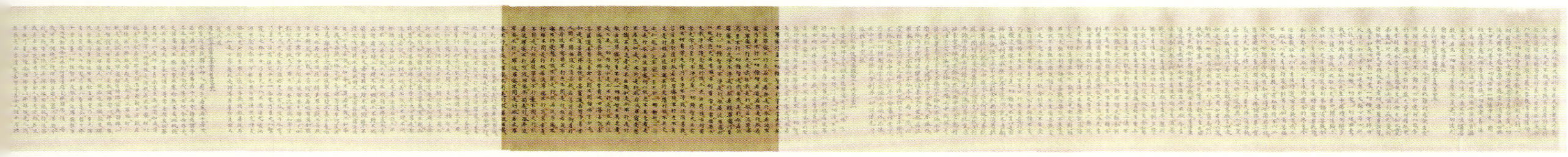

波羅蜜乃至一切種智不行常无常是行般
若波羅蜜不行色若苦若樂是行般若波羅
蜜乃至不行一切種智若苦若樂是行般若
波羅蜜不行色是我非我是行般若波羅蜜
乃至不行一切種智是我非我是行般若波
羅蜜不行色淨不淨是行般若波羅蜜乃至
不行一切種智淨不淨是行般若波羅蜜何
以故是色无所有性云何有常无常苦樂我
无我淨不淨受想行識亦无所有性云何有
常无常乃至淨不淨乃至一切種智无所有
性云何有常无常乃至淨不淨復次須菩提
菩薩摩訶薩行般若波羅蜜時不行色不具
足是行般若波羅蜜不行受想行識不具足
是行般若波羅蜜乃至不行一切種智不具
足是行般若波羅蜜何以故色不具足者是

不名色如是亦不行是行般若波羅蜜受想
行識不具足者是不名識如是亦不行是行
般若波羅蜜乃至不行一切種智不具足者
是不名一切種智如是亦不行是行般若波
羅蜜須菩提白佛言未曾有也世尊善說求
菩薩道善男子善女人闍不闍相佛言如是
如是須菩提佛善說求菩薩道善男子善女
人闍不闍相復次須菩提若菩薩摩訶薩行
般若波羅蜜時不行色不闍是行般若波羅
蜜不行受想行識不闍是行般若波羅蜜不
行眼不闍是行般若波羅蜜不行耳鼻舌身
不闍是行般若波羅蜜不行意不闍是行般
若波羅蜜不行檀波羅蜜不闍是行般若波
羅蜜不行尸羅波羅蜜不闍是行般若波羅
蜜不行羼提波羅蜜不闍是行般若波羅蜜

羅蜜不行尸羅波羅蜜不閡是行般若波羅
蜜不行羼提波羅蜜不閡是行般若波羅蜜
不行毗梨耶波羅蜜不閡是行般若波羅蜜
不行禪波羅蜜不閡是行般若波羅蜜不行
般若波羅蜜不閡是行般若波羅蜜乃至不
一切種智不閡是行般若波羅蜜須菩提菩
薩摩訶薩如是行般若波羅蜜時知色是不
閡知受想行識是不閡乃至知一切種智是
不閡知須陁洹果不閡知斯陁含果不閡知
阿那含果不閡知阿羅漢果不閡知辟支佛
道不閡知阿耨多羅三藐三菩提道不閡尒
時慧命須菩提白佛言未曾有也世尊是甚
深法若說亦不增不減若不說亦不增不減
佛語須菩提如是如是是甚深法若說亦不
增不減若不說亦不增不減譬如佛盡形壽

若讚虛空時亦不增不減毀時亦不增不減
須菩提若幻人若讚時不增不減毀時亦不
增不減讚時不喜毀時不憂須菩提諸法法
相亦如是若說亦如本不異若不說亦如本
不異須菩提白佛言世尊諸菩薩摩訶薩所
為甚難脩行是般若波羅蜜時不憂不喜而
能習般若波羅蜜於阿耨多羅三藐三菩提
亦不轉還何以故世尊脩般若波羅蜜如脩
虛空如虛空中无般若波羅蜜无禪那无毗
梨耶无羼提无尸羅无檀那波羅蜜如虛空
中无色无受想行識亦无內空外空內外空
乃至无法有法空中无四念處乃至无八聖
道分无佛十力乃至无十八不共法无須陁
洹果斯陁含果阿那含果阿羅漢果无辟支
佛道无阿耨多羅三藐三菩提脩般若波羅

洹果斯陀含果阿那含果阿羅漢果[illegible]
佛道无阿耨多羅三藐三菩提脩般若波羅
蜜亦如是世尊應礼是諸菩薩摩訶薩能大
擔莊嚴

摩訶般若波羅蜜示世間相品第卅八

佛告須菩提譬如母人有子若五若十若廿
若卅若卌若五十若百若千母中得病諸子
各各懃求救療作是念我等云何令母得安
无諸患苦不樂之事風寒冷熱蚊虻蛇蚖侵
犯母身是我等憂其諸子等常求樂具供養
其母所以者何生育我等示我世間如是須
菩提佛常以佛眼視是深般若波羅蜜何以
故是深般若波羅蜜能示世間相十方現在
諸佛亦以佛眼常視是深般若波羅蜜何以
故是深般若波羅蜜能生諸佛能與諸佛一

切智能示世間相以是故諸佛常以佛眼視
是深般若波羅蜜又以般若波羅蜜能生禪
波羅蜜乃至檀波羅蜜能生內空乃至无法
有法空能生四念處乃至八聖道分能生佛
十方乃至一切種智如是般若波羅蜜能生
須陁洹斯陁含阿那含阿羅漢辟支佛諸佛 須 菩
提所有諸佛已得阿耨多羅三藐三菩提今
得當得皆因深般若波羅蜜因緣故得須菩
提若求佛道善男子善女人書是深般若波
羅蜜乃至正憶念諸佛常以佛眼視是人須
菩提是求菩薩道善男子善女人諸十方佛
常守護令不退阿耨多羅三藐三菩提須菩
提白佛言如世尊所說般若波羅蜜能生諸
佛能示世間相世尊般若波羅蜜云何能生
諸佛云何能示世間相云何諸佛從般若波

BD00956 摩訶般若波羅蜜經鈔（擬）

佛能示世間相世尊般若波羅蜜云何能生
諸佛云何能示世間相云何諸佛從般若波
羅蜜生云何諸佛說世間相佛告須菩提是
深般若波羅蜜中生佛十力乃至十八不共
法一切種智須菩提得是諸法故名為佛須
菩提以是故深般若波羅蜜能生諸佛須菩
提諸佛說五陰是世間相須菩提言世尊云
何深般若波羅蜜中說示五陰相云何深般
若波羅蜜示五陰須菩提般若波羅蜜不示五
陰破不示五陰壞不示生不示滅不示垢不示
淨不示增不示減不示入不示出不示過去
不示未來不示現在何以故空相不破不壞
无相相无作相不破不壞不起法不生法无
所有法性法不破不壞相如是示如是須菩
提佛說深般若波羅蜜能示世間相復次須

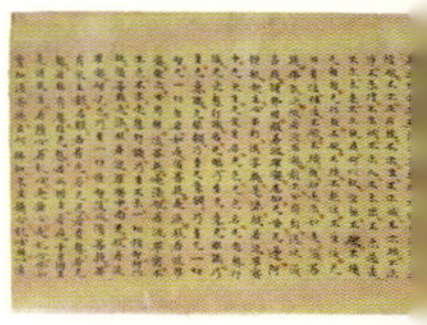

菩提諸佛因般若波羅蜜悉知无量无邊阿
僧祇衆生心所行須菩提是深般若波羅蜜
中无衆生无衆生名无色无色名无受想行
識无受想行識名无眼乃至无意无眼識乃
至无意識无眼觸乃至无意觸乃至无一切
智无一切智名如是須菩提是深般若波羅
蜜能示世間相須菩提是深般若波羅蜜不
示色不示受想行識乃至不示一切種智何以
故須菩提是深般若波羅蜜中尚无般若波
羅蜜何況色乃至一切種智復次須菩提所
有衆生數名數若有色若无色若有想若无
想若非有想非无想若此國土若遍十方國土
是諸衆生若攝心若乱心是攝心是乱心佛如
實知須菩提云何佛知衆生攝心乱心相以法

BD00956　摩訶般若波羅蜜經鈔（擬）

BD00957 妙法蓮華經卷六

（後秦）鳩摩羅什 譯

983.3cm × 25.5cm

不長
處若在坊若空閑地若城邑巷
里如其所聞為父母宗親善友
說是諸人等聞已隨喜復行轉教
亦隨喜轉教如是展轉至第五十
第五十善男子善女人隨喜功德我今
汝當善聽若四百万億阿僧祇世界六
衆生卵生胎生濕生化生若有形无
无想非有想非无想无足二足四足
是等在衆生數者有人求福隨其
樂之具皆給與之一一衆生與滿閻
銀琉璃車𤦲馬瑙珊瑚虎珀諸妙
象馬車乘七寶所成宮殿樓閣等是
是布施滿八十年已而作是念我已施衆生
娛樂之具隨意所欲然此衆生皆已衰老年

過八十歲白面皺將死不久我當以佛法而
訓導之即集此衆生宣布法化示教利喜一
時皆得須陁洹道斯陁含道阿那含道阿羅
漢道盡諸有漏於深禪定皆得自在具八解
脫於汝意云何是大施主所得功德寧為多
不弥勒白佛言世尊是人功德甚多无量无
邊若是施主但施衆生一切樂具功德无量
何況令得阿羅漢果佛告弥勒我今分明語
汝是人以一切樂具施於四百万億阿僧祇
世界六趣衆生又令得阿羅漢果所得功德
不如是第五十人聞法華經一偈隨喜功德
百分千分百千万億分不及其一乃至算數
譬喻所不能知阿逸多如是第五十人展轉
聞法華經隨喜功德尚无量无邊阿僧祇何
況最初於會中聞而隨喜者其福復勝无量

況最初於會中聞而隨喜者其福復勝无量
无邊阿僧祇不可得比又阿逸多若人為是
經故往詣僧坊若坐若立須臾聽受緣是功
德轉身所生得好上妙象馬車乘珎寶輦轝
及乘天宮若復有人於講法處坐更有人來
勸令坐聽若分座令坐是人功德轉身得帝
釋坐處若梵王坐處若轉輪聖王所坐之處
阿逸多若復有人語餘人言有經名法華可
共往聽即受其教乃至須臾閒聞是人功德
轉身得與陁羅尼菩薩共生一處利根智慧
百千万世終不瘖瘂口氣不臭舌常无病口
亦无病齒不垢黒不黄不踈亦不缺落不差
不曲脣不下垂亦不褰縮不麁澁不瘡胗亦
不缺壞亦不喎斜不厚不大亦不梨黒无諸

可惡鼻不匾㔸亦不曲戾面色不黑亦不狹
長亦不窊曲无有一切不可憙相脣舌牙齒
悉皆嚴好鼻脩高直面貌圓滿眉高而長額
廣平正人相具足世世所生見佛聞法信受
教誨阿逸多汝且觀是勸於一人令往聽法
功德如此何況一心聽說讀誦而於大眾為
人分別如說脩行尒時世尊欲重宣此義而
說偈言

若人於法會　得聞是經典　乃至於一偈　隨喜為他說
如是展轉教　至于第五十　最後人獲福　今當分別之
如有大施主　供給无量眾　具滿八十歲　隨意之所欲
見彼衰老相　髮白而面皺　齒踈形枯竭　念其死不久
我今應當教　令得於道果　即為方便說　涅槃真實法
世皆不牢固　如水沫泡焰　汝等咸應當　疾生猒離心
諸人聞是法　皆得阿羅漢　具足六神通　三明八解脫

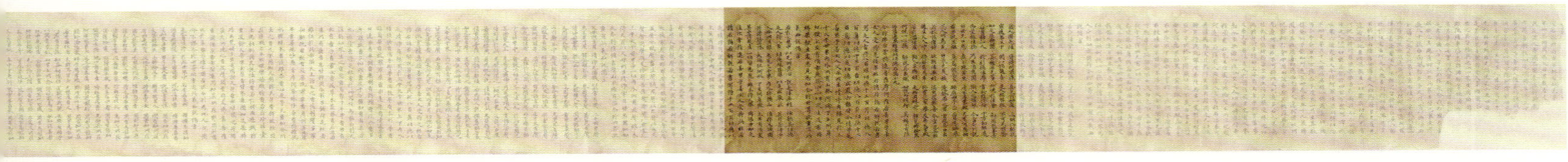

諸人聞是法　皆得阿羅漢　具足六神通　三明八解脱
最後第五十　聞一偈隨喜　是人福勝彼　不可為譬喻
如是展轉聞　其福尚无量　何況於法會　初聞隨喜者
若有勸一人　將引聽法華　言此經深妙　千万劫難遇
即受教往聽　乃至須臾聞　斯人之福報　今當分別說
世世无口患　齒不踈黄黑　脣不厚褰缺　无有可惡相
舌不乾黑短　鼻高脩且直　額廣而平正　面目悉端嚴
為人所憙見　口氣无臭穢　優鉢華之香　常從其口出
若故詣僧坊　欲聽法華經　須臾聞歡喜　今當說其福
後生天人中　得妙象馬車　珎寶之輦轝　及乘天宮殿
若於講法處　勸人坐聽經　是福因緣得　釋梵轉輪座
何況一心聽　解說其義趣　如說而脩行　其福不可限

妙法蓮華經法師功德品第十九

尒時佛告常精進菩薩摩訶薩若善男子善
女人受持是法華經若讀若誦若解說若書

寫是人當得八百眼功德千二百耳功德八
百鼻功德千二百舌功德八百身功德千二
百意功德以是功德莊嚴六根皆令清淨是
善男子善女人父母所生清淨肉眼見於三
千大千世界內外所有山林河海下至阿鼻
地獄上至有頂亦見其中一切衆生及業因
緣果報生處悉見悉知尒時世尊欲重宣此
義而說偈言
若於大衆中　以无所畏心　說是法華經　汝聽其功德
是人得八百　功德殊勝眼　以是莊嚴故　其目甚清淨
父母所生眼　悉見三千界　內外弥樓山　須弥及鐵圍
并諸餘山林　大海江河水　下至阿鼻獄　上至有頂處
其中諸衆生　一切皆悉見　雖未得天眼　肉眼力如是
復次常精進若善男子善女人受持此經若
讀若誦若解說若書寫得千二百耳功德以

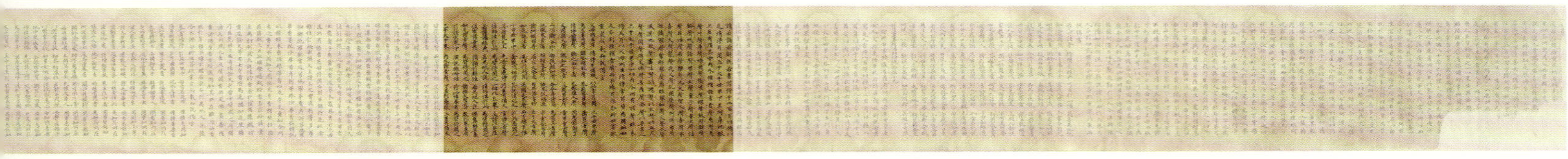

讀若誦若解說若書寫得千二百耳功德以
是清淨耳聞三千大千世界下至阿鼻地獄
上至有頂其中內外種種語言音聲象聲馬
聲牛聲車聲啼哭聲愁歎聲螺聲鼓聲鍾聲
鈴聲咲聲語聲男聲女聲童子聲童女聲法
聲非法聲苦聲樂聲凡夫聲聖人聲喜聲不
喜聲天聲龍聲夜叉聲乾闥婆聲阿脩羅聲
迦樓羅聲緊那羅聲摩睺羅伽聲火聲水聲
風聲地獄聲畜生聲餓鬼聲比丘聲比丘尼
聲聲聞聲辟支佛聲菩薩聲佛聲以要言之
三千大千世界中一切內外所有諸聲雖未
得天耳以父母所生清淨常耳皆悉聞知如
是分別種種音聲而不壞耳根尒時世尊欲
重宣此義而說偈言
父母所生耳　清淨無濁穢　以此常耳聞　三千世界聲

象馬車牛聲　鍾鈴螺鼓聲　琴瑟箜篌聲　簫笛之音聲
清淨好歌聲　聽之而不著　無數種人聲　聞悉能解了
又聞諸天聲　微妙之歌音　及聞男女聲　童男童女聲
山川嶮谷中　迦陵頻伽聲　命命等諸鳥　悉聞其音聲
地獄衆苦痛　種種楚毒聲　餓鬼飢渴逼　求索飲食聲
諸阿脩羅等　居在大海邊　自共語言時　出于大音聲
如是說法者　安住於此間　遥聞是衆聲　而不壞耳根
十方世界中　禽獸鳴相呼　其說法之人　於此悉聞之
其諸梵天上　光音及遍淨　乃至有頂天　言語之音聲
法師住於此　悉皆得聞之　一切比丘衆　及諸比丘尼
若讀誦經典　若為他人說　法師住於此　悉皆得聞之
復有諸菩薩　讀誦於經法　若為他人說　撰集解其義
如是諸音聲　悉皆得聞之　諸佛大聖尊　教化衆生者
於諸大衆中　演說微妙法　持此法華者　悉皆得聞之
三千大千界　内外諸音聲　下至阿鼻獄　上至有頂天

於諸大衆中　演說微妙法　持此法華者　悉皆得聞之
三千大千界　内外諸音聲　下至阿鼻獄　上至有頂天
皆聞其音聲　而不壞耳根　其耳聰利故　悉能分別知
持是法華者　雖未得天耳　但用所生耳　功德已如是
復次常精進若善男子善女人受持是經若
讀若誦若解說若書寫成就八百鼻功德以
是清淨鼻根聞於三千大千世界上下內外
種種諸香須曼那華香闍提華香末利華香
瞻蔔華香波羅羅華香赤蓮華香青蓮華香
白蓮華香華樹香菓樹香栴檀香沉水香多
摩羅跋香多伽羅香及千万種和香若末若
丸若塗香持是經者於此間住悉能分別又
復別知衆生之香象香馬香牛羊等香男香
女香童子香童女香及草木叢林香若近若
遠所有諸香悉皆得聞分別不錯持是經者

雖住於此亦聞天上諸天之香波利質多羅
拘鞞陁羅樹香及曼陁羅華香摩訶曼陁羅
華香曼殊沙華香摩訶曼殊沙華香栴檀沉
水種種末香諸雜華香如是等天香和合所
出之香无不聞知又聞諸天身香釋提桓因
在勝殿上五欲娛樂嬉戲時香若在妙法堂
上為忉利諸天說法時香若於諸園遊戲時
香及餘天等男女身香皆悉遙聞如是展轉
乃至梵世上至有頂諸天身香亦皆聞之并聞
諸天所燒之香及聲聞香辟支佛香菩薩
香諸佛身香亦皆遙聞知其所在雖聞此香
然於鼻根不壞不錯若欲分別為他人說憶
念不謬尒時世尊欲重宣此義而說偈言
是人鼻清淨　於此世界中　若香若臭物　種種悉聞知
須曼那闍提　多摩羅栴檀　沉水及桂香　種種華菓香

是人鼻清淨　於此世界中

須曼那闍提　多摩羅栴檀　沉水及桂香　種種華菓香

及知眾生香　男子女人香　說法者遠住　聞香知所在

大勢轉輪王　小轉輪及子　群臣諸宮人　聞香知所在

身所著珍寶　及地中寶藏　轉輪王寶女　聞香知所在

諸人嚴身具　衣服及瓔珞　種種所塗香　聞則知其身

諸天若行坐　遊戲及神變　持是法華者　聞香悉能知

諸樹華菓實　及蘇油香氣　持經者住此　悉知其所在

諸山深嶮處　栴檀樹華敷　眾生在中者　聞香皆能知

鐵圍山大海　地中諸眾生　持經者聞香　悉知其所在

阿脩羅男女　及其諸眷屬　鬪諍遊戲時　聞香皆能知

曠野險隘處　師子象虎狼　野牛水牛等　聞香知所在

若有懷任者　未辯其男女　无根及非人　聞香悉能知

以聞香力故　知其初懷任　成就不成就　安樂產福子

以聞香力故　知男女所念　染欲癡恚心　亦知脩善者

地中衆伏藏　金銀諸珎寶　銅器之所盛　聞香悉能知
種種諸瓔珞　无能識其價　聞香知貴賤　出處及所在
天上諸華等　曼陁曼殊沙　波利質多樹　聞香悉能知
天上諸宮殿　上中下差別　衆寶華莊嚴　聞香悉能知
天園林勝殿　諸觀妙法堂　在中而娛樂　聞香悉能知
諸天若聽法　或受五欲時　来往行坐卧　聞香悉能知
天女所著衣　好華香莊嚴　周旋遊戲時　聞香悉能知
如是展轉上　乃至於梵世　入禪出禪者　聞香悉能知
光音遍淨天　乃至于有頂　初生及退沒　聞香悉能知
諸比丘衆等　於法常精進　若坐若經行　及讀誦經法
或在林樹下　專精而坐禪　持經者聞香　悉知其所在
菩薩志堅固　坐禪若讀誦　或為人說法　聞香悉能知
在在方世尊　一切所恭敬　愍衆而說法　聞香悉能知
衆生在佛前　聞經皆歡喜　如法而脩行　聞香悉能知
雖未得菩薩　无漏法生鼻　而是持經者　先得此鼻相

衆生在佛前 聞經皆歡喜 如法而修行 聞香悉能知
雖未得菩薩 无漏法生鼻 而是持經者 先得此鼻相
復次常精進，若善男子善女人受持是經，若
讀若誦若解說若書寫，得千二百舌功德。若
好若醜，若美不美，及諸苦澁物，在其舌根，皆
變成上味，如天甘露，无不美者。若以舌根於
大衆中有所演說，出深妙聲，能入其心，皆令
歡喜快樂。又諸天子天女、釋梵諸天，聞是深
妙音聲，有所演說，言論次第，皆悉來聽。及諸
龍龍女、夜叉夜叉女、乾闥婆乾闥婆女、阿脩
羅阿脩羅女、迦樓羅迦樓羅女、緊那羅緊那
羅女、摩睺羅伽摩睺羅伽女，為聽法故，皆來
親近恭敬供養。及比丘比丘尼、優婆塞優婆
夷、國王王子、羣臣眷屬、小轉輪王、大轉輪王
七寶千子、內外眷屬，乘其宮殿，俱來聽法。以

是菩薩善說法故婆羅門居士國內人民盡
其形壽隨侍供養又諸聲聞辟支佛菩薩諸
佛常樂見之是人所在方面諸佛皆向其處
說法悉能受持一切佛法又能出於深妙法
音尒時世尊欲重宣此義而說偈言
是人舌根淨　終不受惡味　其有所食噉　悉皆成甘露
以深淨妙音　於大衆說法　以諸因緣喻　引導衆生心
聞者皆歡喜　設諸上供養　諸天龍夜叉　及阿脩羅等
皆以恭敬心　而共來聽法　是說法之人　若欲以妙音
遍滿三千界　隨意即能至　大小轉輪王　及千子眷屬
合掌恭敬心　常來聽受法　諸天龍夜叉　羅剎毗舍闍
亦以歡喜心　常樂來供養　梵天王魔王　自在大自在
如是諸天衆　常來至其所　諸佛及弟子　聞其說法音
常念而守護　或時為現身
復次常精進若善男子善女人受持是經若

常念而守護　或時為現身

復次常精進若善男子善女人受持是經若讀若誦若解說若書寫得八百身功德得清淨身如淨琉璃眾生憙見其身淨故三千大千世界眾生生時死時上下好醜生善處惡處悉於中現及鐵圍山大鐵圍山彌樓山摩訶彌樓山等諸山及其中眾生悉於中現下至阿鼻地獄上至有頂所有及眾生悉於中現若聲聞辟支佛菩薩諸佛說法皆於身中現其色像尒時世尊欲重宣此義而說偈言

若持法華者　其身甚清淨　如彼淨琉璃　眾生皆憙見
又如淨明鏡　悉見諸色像　菩薩於淨身　皆見世所有
唯獨自明了　餘人所不見　三千世界中　一切諸群萌
天人阿脩羅　地獄鬼畜生　如是諸色像　皆於身中現
諸天等宮殿　乃至於有頂　鐵圍及彌樓　摩訶彌樓山

諸大海水等　皆於身中現　諸佛及聲聞　佛子菩薩等
若獨若在衆　說法悉皆現　雖未得无漏　法性之妙身
以清淨常體　一切於中現
復次常精進若善男子善女人如来滅後受
持是經若讀若誦若解說若書寫得千二百
意功德以是清淨意根乃至聞一偈一句通
達无量无邊之義解是義已能演說一句一
偈至於一月四月乃至一歲諸所說法隨其
義趣皆與實相不相違背若說俗間經書治
世語言資生業等皆順正法三千大千世界
六趣衆生心之所行心所動作心所戲論皆
悉知之雖未得无漏智慧而其意根清淨如
此是人有所思惟籌量言說皆是佛法无不
真實亦是先佛經中所說尒時世尊欲重宣
此義而說偈言

真實亦是先佛經中所說尒時世尊欲重宣
此義而說偈言
是人意清淨　明利无穢濁　以此妙意根　知上中下法
乃至聞一偈　通達无量義　次第如法說　月四月至歲
是世界內外　一切諸衆生　若天龍及人　夜叉鬼神等
其在六趣中　所念若干種　持法華之報　一時皆悉知
十方无數佛　百福莊嚴相　為衆生說法　悉聞能受持
思惟无量義　說法亦无量　終始不忘錯　以持法華故
悉知諸法相　隨義識次第　達名字語言　如所知演說
此人有所說　皆是先佛法　以演此法故　於衆无所畏
持法華經者　意根淨若斯　雖未得无漏　先有如是相
是人持此經　安住希有地　為一切衆生　歡喜而愛敬
能以千万種　善巧之語言　分別而說法　持法華經故
妙法蓮華經常不輕菩薩品第二十
尒時佛告得大勢菩薩摩訶薩汝今當知若

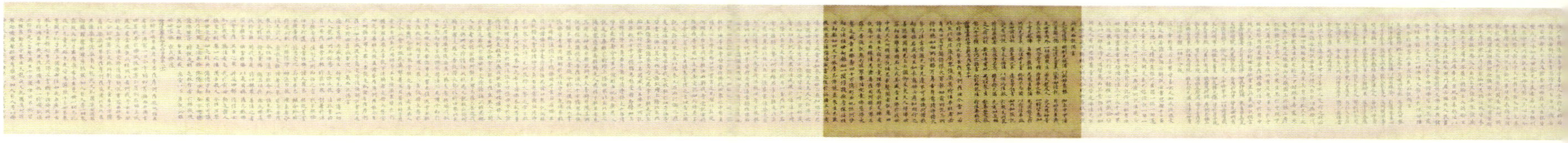

比丘比丘尼優婆塞優婆夷持法華經者若
有惡口罵詈誹謗獲大罪報如前所說其所
得功德如向所說眼耳鼻舌身意清淨得大
勢乃往古昔過无量无邊不可思議阿僧祇
劫有佛名威音王如來應供正遍知明行足
善逝世間解无上士調御丈夫天人師佛世
尊劫名離衰國名大成其威音王佛於彼世
中為天人阿脩羅說法為求聲聞者說應四
諦法度生老病死究竟涅槃為求辟支佛者
說應十二因緣法為諸菩薩因阿耨多羅三
藐三菩提說應六波羅蜜法究竟佛慧得大
勢是威音王佛壽四十万億那由他恒河沙
劫正法住世劫數如一閻浮提微塵像法住
世劫數如四天下微塵其佛饒益衆生已然
後滅度正法像法滅盡之後於此國土復有

世劫數如四天下微塵其佛饒益衆生已然
後滅度正法像法滅盡之後於此國土復有
佛出亦号威音王如來應供正遍知明行足
善逝世間解无上士調御丈夫天人師佛世
尊如是次第有二万億佛皆同一号最初威
音王如來既已滅度正法滅後於像法中增
上慢比丘有大勢力尒時有一菩薩比丘名
常不軽得大勢以何因緣名常不軽是比丘
凡有所見若比丘比丘尼優婆塞優婆夷皆
悉礼拜讚嘆而作是言我深敬汝等不敢軽
慢所以者何汝等皆行菩薩道當得作佛而
是比丘不專讀誦經典但行礼拜乃至遠見
四衆亦復故往礼拜讚嘆而作是言我不敢
軽於汝等汝等皆當作佛故四衆之中有生
嗔恚心不淨者惡口罵詈言是无智比丘從

何所來自言我不輕汝而與我等受記當得
作佛我等不用如是虛妄受記如此經歷多
年常被罵詈不生瞋恚常作是言汝當作佛
說是語時衆人或以杖木瓦石而打擲之避
走遠住猶高聲唱言我不敢輕於汝等汝等
皆當作佛以其常作是語故增上慢比丘比
丘尼優婆塞優婆夷号之為常不輕是比丘
臨欲終時於虛空中具聞威音王佛先所說
法華經二十千万億偈悉能受持即得如上
眼根清淨耳鼻舌身意根清淨得是六根清
淨已更增壽命二百万億那由他歲廣為人
說是法華經於時增上慢四衆比丘比丘尼
優婆塞優婆夷輕賤是人為作不輕名者見
其得大神通力樂說辯力大善寂力聞其所
說皆信伏隨從是菩薩復化千万億衆令住

其得大神通力樂說辯力大善寂力聞其所
說皆信伏隨從是菩薩復化千万億衆令住
阿耨多羅三藐三菩提命終之後得值二千
億佛皆号日月燈明於其法中說是法華經
以是因緣復值二千億佛同号雲自在燈王
於此諸佛法中受持讀誦為諸四衆說此經
典故得是常眼清淨耳鼻舌身意諸根清淨
於四衆中說法心无所畏得大勢是常不輕
菩薩摩訶薩供養如是若干諸佛恭敬尊重
讚歎種諸善根於後復值千万億佛亦於諸
佛法中說是經典功德成就當得作佛得大
勢於意云何尒時常不輕菩薩豈異人乎則
我身是若我於宿世不受持讀誦此經為他
人說者不能疾得阿耨多羅三藐三菩提我
於先佛所受持讀誦此經為人說故疾得阿

耨多羅三藐三菩提得大勢彼時四衆比丘
比丘尼優婆塞優婆夷以瞋恚意輕賤我故
二百億劫常不值佛不聞法不見僧千劫於
阿鼻地獄受大苦惱畢是罪已復遇常不輕
菩薩教化阿耨多羅三藐三菩提得大勢於
汝意云何尒時四衆常輕是菩薩者豈異人
乎今此會中跋陁婆羅等五百菩薩師子月
等五百比丘尼思佛等五百優婆塞皆於阿
耨多羅三藐三菩提不退轉者是得大勢當
知是法華經大饒益諸菩薩摩訶薩能令至
於阿耨多羅三藐三菩提是故諸菩薩摩訶
薩於如來滅後常應受持讀誦解說書寫是
經尒時世尊欲重宣此義而說偈言
過去有佛　号威音王　神智无量　將導一切
天人龍神　所共供養　是佛滅後　法欲盡時

過去有佛　號威音王　神智無量　將導一切
天人龍神　所共供養　是佛滅後　法欲盡時
有一菩薩　名常不輕　時諸四衆　計著於法
不輕菩薩　往到其所　而語之言　我不輕汝
汝等行道　皆當作佛　諸人聞已　輕毀罵詈
不輕菩薩　能忍受之　其罪畢已　臨命終時
得聞此經　六根清淨　神通力故　增益壽命
復爲諸人　廣說是經　諸著法衆　皆蒙菩薩
教化成就　令住佛道　不輕命終　值无數佛
說是經故　得无量福　漸具功德　疾成佛道
彼時不輕　則我身是　時四部衆　著法之者
聞不輕言　汝當作佛　以是因緣　值无數佛
此會菩薩　五百之衆　并及四部　清信士女
今於我前　聽法者是　我於前世　勸是諸人
聽受斯經　第一之法　開示教人　令住涅槃

世世受持　如是經典　億億万劫　至不可議
時乃得聞　是法華經　億億万劫　至不可議
諸佛世尊　時說是經　是故行者　於佛滅後
聞如是經　勿生疑惑　應當一心　廣說此經
世世值佛　疾成佛道

妙法蓮華經如來神力品第二十一

尒時千世界微塵等菩薩摩訶薩從地踊出
者皆於佛前一心合掌瞻仰尊顏而白佛言
世尊我等於佛滅後世尊分身所在國土滅
度之處當廣說此經所以者何我等亦自欲
得是真淨大法受持讀誦解說書寫而供養
之尒時世尊於文殊師利等无量百千万億
舊住娑婆世界菩薩摩訶薩及諸比丘比丘
尼優婆塞優婆夷天龍夜叉乾闥婆阿脩羅
迦樓羅緊那羅摩睺羅伽人非人等一切衆

尼優婆塞優婆夷天龍夜叉乾闥婆阿修
迦樓羅緊那羅摩睺羅伽人非人等一切衆
前現大神力出廣長舌上至梵世一切毛孔
放於无量无數色光皆悉遍照十方世界衆
寶樹下師子座上諸佛亦復如是出廣長舌
放无量光釋迦牟尼佛及寶樹下諸佛現神
力時滿百千歲然後還攝舌相一時謦欬俱
共彈指是二音聲遍至十方諸佛世界地皆
六種震動其中衆生天龍夜叉乾闥婆阿脩
羅迦樓羅緊那羅摩睺羅伽人非人等以佛
神力故皆見此娑婆世界无量无邊百千万
億衆寶樹下師子座上諸佛及見釋迦牟尼
佛共多寶如來在寶塔中坐師子座又見无
量无邊百千万億菩薩摩訶薩及諸四衆恭
敬圍遶釋迦牟尼佛既見是已皆大歡喜得

未曾有即時諸天於虛空中高聲唱言過此
无量无邊百千万億阿僧祇世界有國名娑
婆是中有佛名釋迦牟尼今為諸菩薩摩訶
薩說大乘經名妙法蓮華教菩薩法佛所護
念汝等當深心隨喜亦當礼拜供養釋迦牟
尼佛彼諸衆生聞虛空中聲已合掌向娑婆
世界作如是言南无釋迦牟尼佛南无釋迦
牟尼佛以種種華香瓔珞幡蓋及諸嚴身之
具珎寶妙物皆共遥散娑婆世界所散諸物
從十方來譬如雲集變成寶帳遍覆此間諸
佛之上于時十方世界通達无礙如一佛土
尒時佛告上行等菩薩大衆諸佛神力如是
无量无邊不可思議若我以是神力於无量
无邊百千万億阿僧祇劫為囑累故說此經
功德猶不能盡以要言之如來一切所有之

功德猶不能盡以要言之如来一切所有之
法如来一切自在神力如来一切祕要之藏
如来一切甚深之事皆扵此經宣示顯說是
故汝等扵如来滅後應一心受持讀誦解說
書寫如說脩行所在國土若有受持讀誦解
說書寫如說脩行若經卷所住之處若扵園
中若扵林中若扵樹下若扵僧坊若白衣舍
若在殿堂若山谷曠野是中皆應起塔供養
所以者何當知是處即是道場諸佛扵此得
阿耨多羅三藐三菩提諸佛扵此轉于法輪
諸佛扵此而般涅槃尒時世尊欲重宣此義
而說偈言
諸佛救世者　住扵大神通　為悅衆生故　現无量神力
舌相至梵天　身放无數光　為求佛道者　現此希有事
諸佛謦欬聲　及彈指之聲　周聞十方國　地皆六種動

以佛滅度後　能持是經故　諸佛皆歡喜　現无量神力
囑累是經故　讚美受持者　於无量劫中　猶故不能盡
是人之功德　无邊无有窮　如十方虛空　不可得邊際
能持是經者　則為已見我　亦見多寶佛　及諸分身者
又見我今日　教化諸菩薩　能持是經者　令我及分身
滅度多寶佛　一切皆歡喜　十方現在佛　并過去未來
亦見亦供養　亦令得歡喜　諸佛坐道場　所得祕要法
能持是經者　不久亦當得　能持是經者　於諸法之義
名字及言辭　樂說无窮盡　如風於空中　一切无障礙
於如來滅後　知佛所說經　因緣及次第　隨義如實說
如日月光明　能除諸幽冥　斯人行世間　能滅眾生闇
教无量菩薩　畢竟住一乘　是故有智者　聞此功德利
於我滅度後　應受持斯經　是人於佛道　決定无有疑

妙法蓮華經囑累品第二十二

尒時釋迦牟尼佛從法座起現大神力以右

妙法蓮華經囑累品第二十二
尒時釋迦牟尼佛從法座起現大神力以右
手摩无量菩薩摩訶薩頂而作是言我於无
量百千万億阿僧祇劫脩習是難得阿耨多
羅三藐三菩提法今以付囑汝等汝等應當
一心流布此法廣令增益如是三摩諸菩薩
摩訶薩頂而作是言我於无量百千万億阿
僧祇劫脩習是難得阿耨多羅三藐三菩提
法今以付囑汝等汝等當受持讀誦廣宣此
法令一切衆生普得聞知所以者何如來有
大慈悲无諸慳悋亦无所畏能與衆生佛之
智慧如來智慧自然智慧如來是一切衆生
之大施主汝等亦應隨學如來之法勿生慳
悋於未來世若有善男子善女人信如來智
慧者當為演說此法華經使得聞知為令其

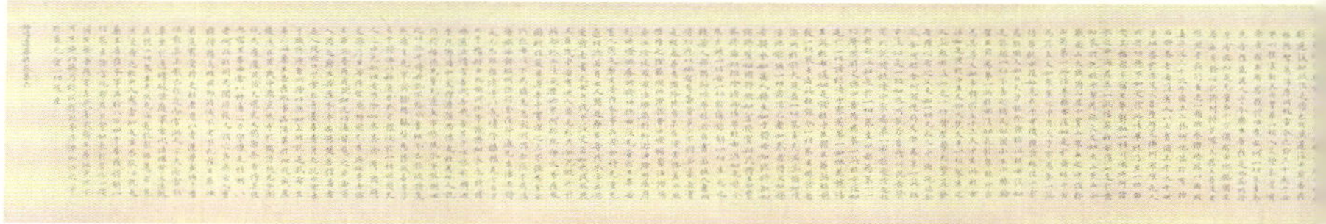

人得佛慧故若有衆生不信受者當於如来
餘深法中示教利喜汝等若能如是則為已
報諸佛之恩時諸菩薩摩訶薩聞佛作是說
已皆大歡喜遍滿其身益加恭敬曲躬低頭
合掌向佛俱發聲言如世尊勅當具奉行唯
然世尊願不有慮諸菩薩摩訶薩衆如是三
反俱發聲言如世尊勅當具奉行唯然世尊
願不有慮尒時釋迦牟尼佛令十方来諸分
身佛各還本土而作是言諸佛各隨所安多
寶佛塔還可如故說是語時十方无量分身
諸佛坐寶樹下師子座上者及多寶佛并上
行等无邊阿僧祇菩薩大衆舍利弗等聲聞
四衆及一切世間天人阿脩羅等聞佛所說
皆大歡喜

妙法蓮華經藥王菩薩本事品第二十三

妙法蓮華經藥王菩薩本事品第二十三
尒時宿王華菩薩白佛言世尊藥王菩薩云
何遊於娑婆世界世尊是藥王菩薩有若干
百千万億那由他難行苦行善哉世尊願少
解說諸天龍神夜叉乾闥婆阿脩羅迦樓羅
緊那羅摩睺羅伽人非人等又他國土諸来
菩薩及此聲聞衆聞皆歡喜尒時佛告宿王
華菩薩乃往過去无量恒河沙劫有佛号日
月淨明德如来應供正遍知明行是善逝世
間解无上士調御丈夫天人師佛世尊其佛
有八十億大菩薩摩訶薩七十二恒河沙大聲
聞衆佛壽四万二千劫菩薩壽命亦等彼
國无有女人地獄餓鬼畜生阿脩羅等及以
諸難地平如掌琉璃所成寶樹莊嚴寶帳覆
上垂寶華幡寶瓶香爐周遍國界七寶為臺

一樹一臺其樹去臺盡一箭道此諸寶樹皆
有菩薩聲聞而坐其下諸寶臺上各有百億
諸天作天伎樂歌嘆於佛以為供養尒時彼
佛為一切衆生憙見菩薩及衆菩薩諸聲聞
衆說法華經是一切衆生憙見菩薩樂習苦
行於日月淨明德佛法中精進經行一心求
佛滿万二千歲已得現一切色身三昧得此三
昧已心大歡喜即作念言我得現一切色身
三昧皆是得聞法華經力我今當供養日
月淨明德佛及法華經即時入是三昧於虚
空中雨曼陁羅華摩訶曼陁羅華細末堅黑
栴檀滿虚空中如雲而下又雨海此岸栴檀
之香此香六銖價直娑婆世界以供養佛作
是供養已從三昧起而自念言我雖以神力
供養於佛不如以身供養即服諸香栴檀薰

BD00957　妙法蓮華經卷六

是供養已從三昧起而自念言我雖以神力
供養於佛不如以身供養即服諸香栴檀薰
陸兜樓婆畢力迦沉水膠香又飲瞻蔔諸華
香油滿千二百歲已香油塗身於日月淨明德
佛前以天寶衣而自纏身灌諸香油以神
通力願而自燃身光明遍照八十億恒河沙
世界其中諸佛同時讚言善哉善哉善男子
是真精進是名真法供養如來若以華香瓔
珞燒香末香塗香天繒幡蓋及海此岸栴檀
之香如是等種種諸物供養所不能及假使
國城妻子布施亦所不及善男子是名第一
之施於諸施中㝡尊㝡上以法供養諸如來
故作是語已而各嘿然其身火燃千二百歲
過是已後其身乃盡一切眾生憙見菩薩作
如是法供養已命終之後復生日月淨明德

佛國中於淨德王家結跏趺坐忽然化生即
為其父而說偈言
大王今當知　我經行彼處　即時得一切　現諸身三昧
懃行大精進　捨所愛之身
說是偈已而白父言日月淨明德佛今故現
在我先供養佛已得解一切眾生語言陀羅
尼復聞是法華經八百千万億那由他甄迦
羅頻婆羅阿閦婆等偈大王我今當還供養
此佛白已即坐七寶之臺上昇虛空高七多羅
樹往到佛所頭面礼足合十指爪以偈讚佛
容顏甚奇妙　光明照十方　我適曾供養　今復還親近
尒時一切眾生憙見菩薩說是偈已而白佛
言世尊世尊猶故在世尒時日月淨明德佛
告一切眾生憙見菩薩善男子我涅槃時到
滅盡時至汝可安施床座我於今夜當般涅槃

滅盡時至汝可安施床座我於今夜當般涅
槃又勑一切眾生憙見菩薩善男子我以佛
法囑累於汝及諸菩薩大弟子并阿耨多羅
三藐三菩提法亦以三千大千七寶世界諸寶
樹寶臺及給侍諸天悉付於汝我滅度後
所有舍利亦付囑汝當令流布廣設供養應
起若干千塔如是日月淨明德佛勑一切眾
生憙見菩薩已於夜後分入於涅槃尒時一
切眾生憙見菩薩見佛滅度悲感懊惱戀慕
於佛即以海此岸栴檀為積供養佛身而以
燒之火滅已後收取舍利作八万四千寶瓶
以起八万四千塔高三世界表剎莊嚴垂諸
幡蓋懸眾寶鈴尒時一切眾生憙見菩薩復
自念言我雖作是供養心猶未足我今當更
供養舍利便語諸菩薩大弟子及天龍夜叉

等一切大衆汝等當一心念我今供養日月
淨明德佛舍利作是語已即於八万四千塔
前燃百福莊嚴臂七万二千歲而以供養令
无數求聲聞衆无量阿僧祇人發阿耨多羅
三藐三菩提心皆使得住現一切色身三昧
尒時諸菩薩天人阿脩羅等見其无臂憂惱
悲哀而作是言此一切衆生憙見菩薩是我
等師教化我者而今燒臂身不具足于時一
切衆生憙見菩薩於大衆中立此誓言我捨
兩臂必當得佛金色之身若實不虛令我兩
臂還復如故作是誓已自然還復由斯菩薩
福德智慧淳厚所致當尒之時三千大千世
界六種震動天雨寶華一切人天得未曾有
佛告宿王華菩薩於汝意云何一切衆生憙
見菩薩豈異人乎今藥王菩薩是也其所捨

BD00957　妙法蓮華經卷六

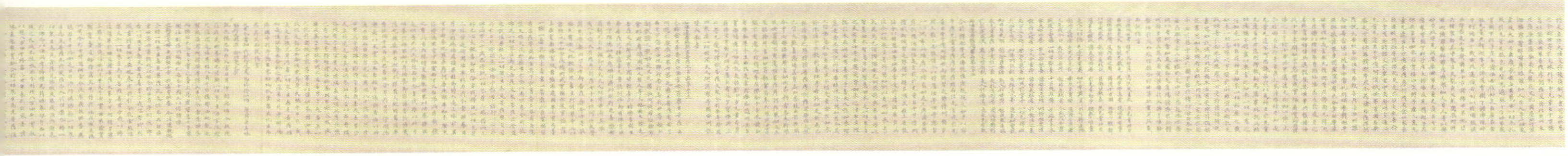

佛告宿王華菩薩於汝意云何一切衆生憙
見菩薩豈異人乎今藥王菩薩是也其所捨
身布施如是无量百千万億那由他數宿王
華若有發心欲得阿耨多羅三藐三菩提者
能燃手指乃至足一指供養佛塔勝以國城
妻子及三千大千國土山林河池諸珎寶物
而供養者若復有人以七寶滿三千大千世
界供養於佛及大菩薩辟支佛阿羅漢是人
所得功德不如受持此法華經乃至一四句
偈其福最多宿王華譬如一切川流江河諸
水之中海為第一此法華經亦復如是於諸
如来所說經中最為深大又如土山黒山小
鐵圍山大鐵圍山及十寶山衆山之中須弥
山為第一此法華經亦復如是於諸經中最
為其上又如衆星之中月天子最為第一此

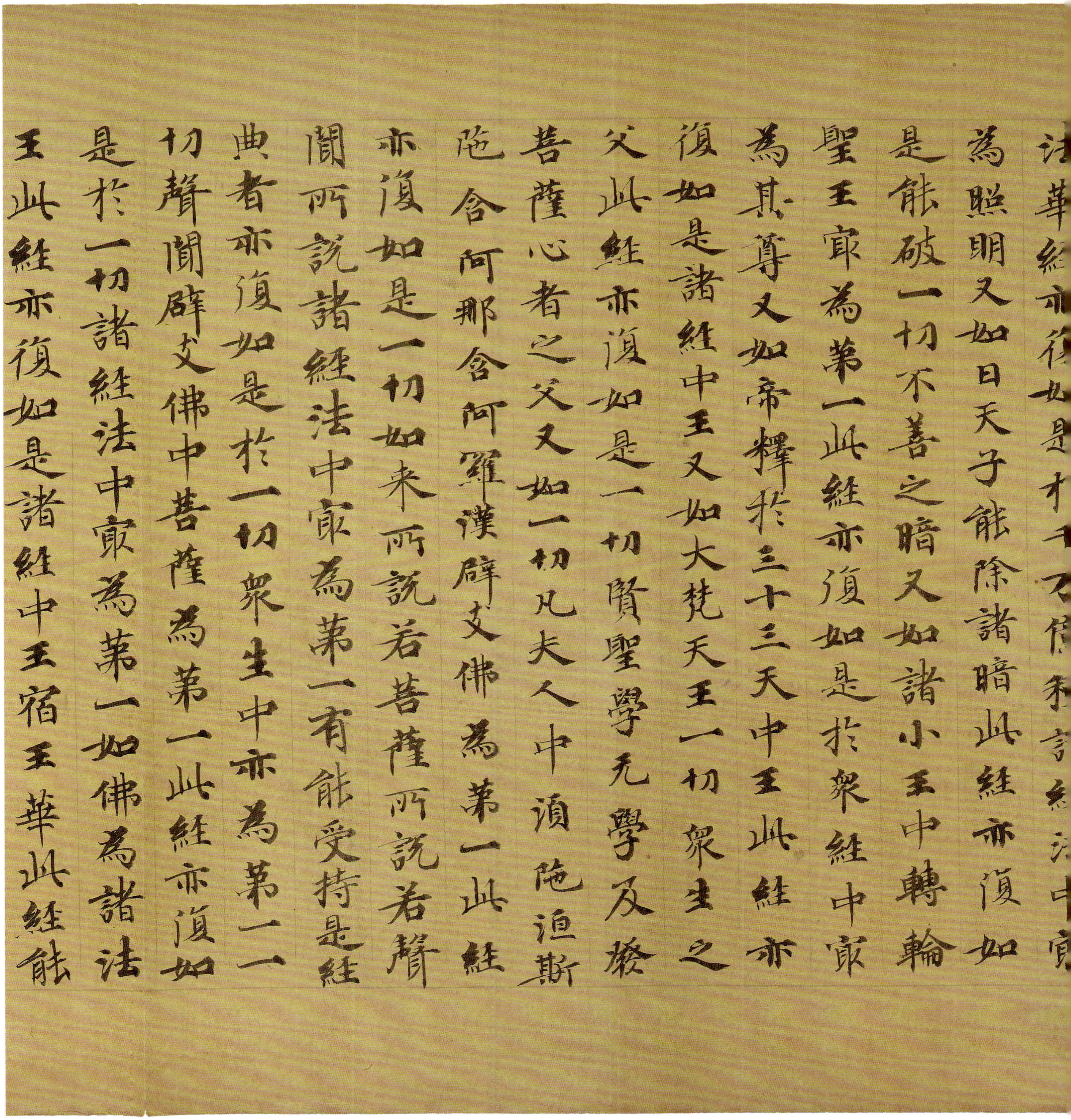

法華經亦復如是於千万億種諸經法中最
為照明又如日天子能除諸闇此經亦復如
是能破一切不善之闇又如諸小王中轉輪
聖王最為第一此經亦復如是於衆經中最
為其尊又如帝釋於三十三天中王此經亦
復如是諸經中王又如大梵天王一切衆生之
父此經亦復如是一切賢聖學无學及發
菩薩心者之父又如一切凡夫人中須陀洹斯
陀含阿那含阿羅漢辟支佛為第一此經
亦復如是一切如來所説若菩薩所説若聲
聞所説諸經法中最為第一有能受持是經
典者亦復如是於一切衆生中亦為第一一
切聲聞辟支佛中菩薩為第一此經亦復如
是於一切諸經法中最為第一如佛為諸法
王此經亦復如是諸經中王宿王華此經能

BD00957　妙法蓮華經卷六

是於一切諸經法中最為第一如佛為諸法
王此經亦復如是諸經中王宿王華此經能
救一切衆生者此經能令一切衆生離諸苦
惱此經能大饒益一切衆生充滿其願如清
涼池能滿一切諸渴乏者如寒者得火如裸
者得衣如商人得主如子得母如渡得船如
病得醫如暗得燈如貧得寶如民得王如賈
客得海如炬除暗此法華經亦復如是能令
衆生離一切苦一切病痛能解一切生死之
縛若人得聞此法華經若自書若使人書所
得功德以佛智慧籌量多少不得其邊若書
是經卷華香瓔珞燒香末香塗香幡蓋衣服
種種之燈蘇燈油燈諸香油燈瞻蔔油燈須
曼油燈波羅羅油燈婆利師迦油燈那婆摩
利油燈供養所得功德亦復無量宿王華若

（21－20）

有人聞是藥王菩薩本事品者亦得无量无
邊功德若有女人聞是藥王菩薩本事品能
受持者盡是女身後不復受若如來滅後後
五百歲中若有女人聞是經典如說脩行於
此命終即往安樂世界阿弥陁佛大菩薩衆
圍繞住處生蓮華中寶座之上不復為貪欲
所惱亦復不為瞋恚愚癡所惱亦復不為憍
慢嫉妬諸垢所惱得菩薩神通无生法忍得
是忍已眼根清淨以是清淨眼根見七百万
二千億那由他恒河沙等諸佛如來是時諸
佛遥共讚言善哉善哉善男子汝能於釋迦
牟尼佛法中受持讀誦思惟是經為他人說
所得福德无量无邊火不能燒水不能漂汝
之功德千佛共說不能令盡汝今已能破諸魔
賊壞生死軍諸餘怨敵皆悉摧滅善男子

賊壞生死軍諸餘怨敵皆悉摧滅善男子
百千諸佛以神通力共守護汝於一切世間天
人之中无如汝者唯除如来其諸聲聞辟
支佛乃至菩薩智慧禪定无有與汝等者宿
王華此菩薩成就如是功德智慧之力若有
人聞是藥王菩薩本事品能隨喜讃善者
是人現世口中常出青蓮華香身毛孔中常出
牛頭栴檀香所得功德如上所説是故宿王
華以此藥王菩薩本事品囑累於汝我滅度
後後五百歳中廣宣流布於閻浮提无令斷
絶悪魔魔民諸天龍夜叉鳩槃荼等得其便
也宿王華汝當以神通之力守護是經所以
者何此經則為閻浮提人病之良藥若人有
病得聞是經病即消滅不老不死宿王華汝

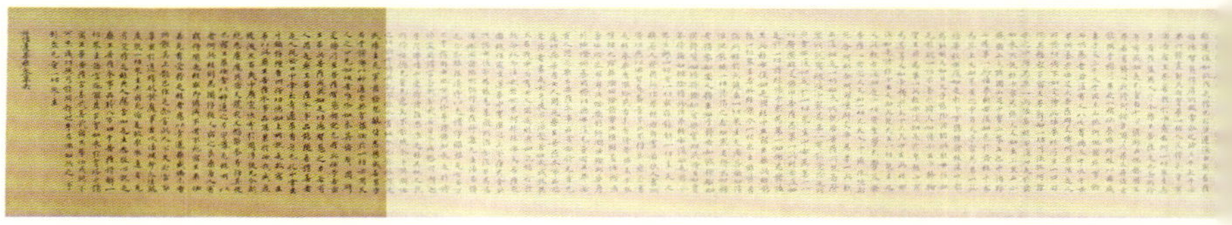

若見有受持是經者應以青蓮華盛滿抹香
供散其上散已作是念言此人不久必當取
草坐於道場破諸魔軍當吹法螺擊大法鼓
度脫一切眾生老病死海是故求佛道者見
有受持是經典人應當如是生恭敬心說是
藥王菩薩本事品時八万四千菩薩得解一
切眾生語言陀羅尼多寶如來於寶塔中讚
宿王華菩薩言善哉善哉宿王華汝成就不
可思議功德乃能問釋迦牟尼佛如此之事
利益无量一切眾生

妙法蓮華經卷第六

BD00958 金剛般若波羅蜜經

（後秦）鳩摩羅什 譯

321.8cm × 24.5cm

何以故須菩提如
於尒時无我相
相何以故我於往昔節
相人相衆生相壽者相應
念過去於五百世作忍辱仙
人相无衆生相无壽
薩應離一切相發阿耨
不應住色生心不應住
生无所住心若心有住
菩薩心不應住色布施
益一切衆生應如是布施
說非相又說一切衆生則
是真語者實語者如語

者須菩提如来所得法
提若菩薩心住於法而
所見若菩薩心不住於法
光明照見種種色須
善男子善女人能於此
如来以佛智慧悉知是人
成就无量无邊功德
若有善男子善女人初日分以恒河
沙等身布施中日分復以恒河沙等身布施
後日分亦以恒河沙等身布施如是无量百
千万億劫以身布施若復有人聞此經典信
心不逆其福勝彼何況書寫受持讀誦為人
解說須菩提以要言之是經有不可思議不

BD00958　金剛般若波羅蜜經

心不逆其福勝彼何況書寫受持讀誦為人
解說須菩提以要言之是經有不可思議不
可稱量无邊功德如來為發大乘者說為發
最上乘者說若有人能受持讀誦廣為人說
如來悉知是人悉見是人皆得成就不可量不
可稱无有邊不可思議功德如是人等則為
荷擔如來阿耨多羅三藐三菩提何以故須
菩提若樂小法者著我見人見眾生見壽
者見則於此經不能聽受讀誦為人解說須
菩提在在處處若有此經一切世間天人阿
脩羅所應供養當知此處則為是塔皆應恭
敬作礼圍繞以諸華香而散其處
復次須菩提若善男子善女人受持讀誦此經
若為人輕賤是人先世罪業應墮惡道以今世

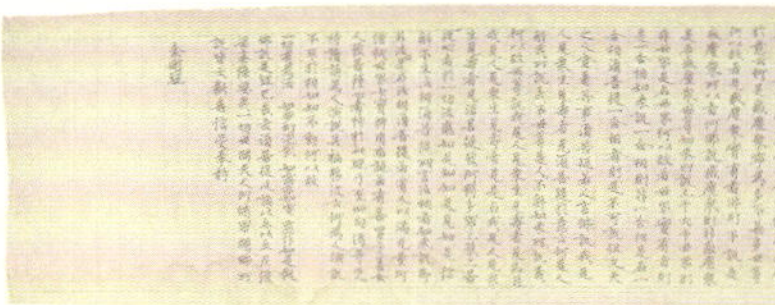

人輕賤故先世罪業則為消滅當得阿耨多羅
三藐三菩提須菩提我念過去无量阿僧
祇劫於然燈佛前得值八百四千万億那由
他諸佛悉皆供養承事无空過者若復有
人於後末世能受持讀誦此經所得功德於
我所供養諸佛功德百分不及一百千万億分
乃至筭數譬喻所不能及須菩提若善男子
善女人於後末世有受持讀誦此經所得功
德我若具說者或有人聞心則狂亂狐疑不
信須菩提當知是經義不可思議果報亦不
可思議
尒時須菩提白佛言世尊善男子善女人發
阿耨多羅三藐三菩提心云何應住云何降伏
其心佛告須菩提善男子善女人發阿耨多

BD00958　金剛般若波羅蜜經

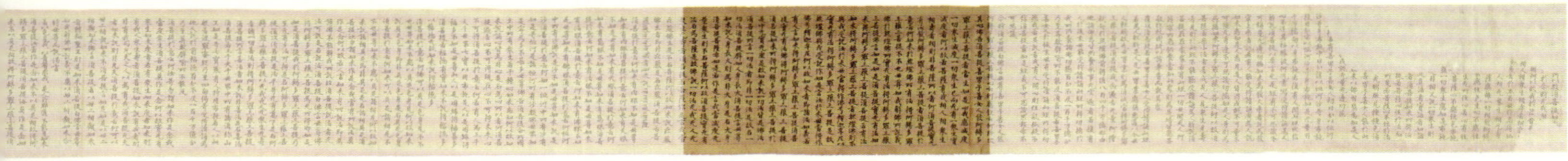

其心佛告須菩提善男子善女人發阿耨多
羅三藐三菩提者當生如是心我應滅度
一切衆生滅度一切衆生已而无有一衆生實
滅度者何以故若菩薩有我相人相衆生
相壽者相則非菩薩所以者何須菩提實无
有法發阿耨多羅三藐三菩提者須菩提於
意云何如来於然燈佛所有法得阿耨多羅
三藐三菩提不不也世尊如我解佛所說義
佛於然燈佛所實无有法得阿耨多羅三藐
三菩提佛言如是如是須菩提實无有法如
来得阿耨多羅三藐三菩提須菩提若有法
如来得阿耨多羅三藐三菩提者然燈佛則不
與我受記汝於来世當得作佛号釋迦牟尼以

實无有法得阿耨多羅三藐三菩提是故
然燈佛與我受記作如是言汝於来世當得作
佛号釋迦牟尼何以故如来者即諸法如義若
有人言如来得阿耨多羅三藐三菩提須菩
提實无有法佛得阿耨多羅三藐三菩提
須菩提如来所得阿耨多羅三藐三菩提於
是中无實无虛是故如来說一切法皆是佛法
須菩提所言一切法者即非一切法是故名一
切法須菩提譬如人身長大須菩提言世尊
如来說人身長大則為非大身是名大身
須菩提菩薩亦如是若作是言我當滅度无
量衆生則不名菩薩何以故須菩提實无有
法名為菩薩是故佛說一切法无我无人无

法名為菩薩是故佛説一切法无我无人无
衆生无壽者須菩提若菩薩作是言我當
莊嚴佛土是不名菩薩何以故如来説莊嚴
佛土者即非莊嚴是名莊嚴須菩提若菩
薩通達无我法者如来説名真是菩薩
須菩提於意云何如来有肉眼不如是世尊
如来有肉眼須菩提於意云何如来有天眼
不如是世尊如来有天眼須菩提於意云何
如来有慧眼不如是世尊如来有慧眼須菩
提於意云何如来有法眼不如是世尊如来
有法眼須菩提於意云何如来有佛眼不如
是世尊如来有佛眼須菩提於意云何恒河
中所有沙佛説是沙不如是世尊如来説是

須菩提於意云何如一恒河中所有沙有
如是等恒河是諸恒河所有沙數佛世界如
是寧為多不甚多世尊佛告須菩提尒所國
土中所有衆生若干種心如来悉知何以故如
来說諸心皆為非心是名為心所以者何須菩
提過去心不可得現在心不可得未来心
不可得須菩提於意云何若有人滿三千
大千世界七寶以用布施是人以是因緣得
福多不如是世尊此人以是因緣得福甚多
須菩提若福德有實如来不說得福德多
以福德无故如来說得福德多
須菩提於意云何佛可以具足色身見不不
也世尊如来不應以具足色身見何以故如来
說具足色身即非具足是名具足色身

也世尊如来不應以具足色身見何以故如来
説具足色身即非具足色身是名具足色身
須菩提於意云何如来可以具足諸相見不
不也世尊如来不應以具足諸相見何以故如
来説諸相具足即非具足是名諸相具足須
菩提汝勿謂如来作是念我當有所説法莫
作是念何以故若人言如来有所説法即為
謗佛不能解我所説故須菩提説法者无
法可説是名説法須菩提白佛言世尊佛
得阿耨多羅三藐三菩提為无所得耶如是
如是須菩提我於阿耨多羅三藐三菩提乃
至无有少法可得是名阿耨多羅三藐三菩
提復次須菩提是法平等无有高下是名阿
耨多羅三藐三菩提以无我无人无衆生无壽

者脩一切善法則得阿耨多羅三藐三菩提
須菩提所言善法者如来說非善法是名善法
須菩提若三千大千世界中所有諸須弥山
王如是等七寶聚有人持用布施若人以此
般若波羅蜜經乃至四句偈等受持讀誦為
他人說於前福德百分不及一百千万億分
乃至筭數譬喻所不能及
須菩提於意云何汝等勿謂如来作是念我
當度衆生須菩提莫作是念何以故實无有
衆生如来度者若有衆生如来度者如来則
有我人衆生壽者須菩提如来說有我者則
非有我而凡夫之人以為有我須菩提凡夫
者如来說則非凡夫須菩提於意云何可以

者如来說則非凡夫須菩提於意云何可以
卅二相觀如来不須菩提言如是如是以卅二
相觀如来佛言須菩提若以卅二相觀如来
者轉輪聖王則是如来須菩提白佛言世尊
如我解佛所說義不應以卅二相觀如来尒
時世尊而說偈言
若以色見我　以音聲求我　是人行耶道　不能見如来
須菩提汝若作是念如来不以具足相故得阿
耨多羅三藐三菩提須菩提汝莫作是念如
来不以具足相故得阿耨多羅三藐三菩提須
菩提汝若作是念發阿耨多羅三藐三菩提者
說諸法斷滅相莫作是念何以故發阿耨多
羅三藐三菩提者於法不說斷滅相須菩提是

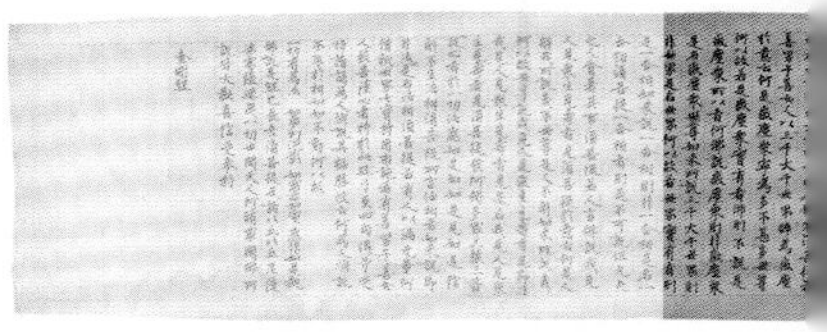

若菩薩以滿恒河沙等世界七寶布施若復
有人知一切法无我得成於忍此菩薩勝前
菩薩所得功德須菩提以諸菩薩不受福德
故須菩提白佛言世尊云何菩薩不受福
德須菩提菩薩所作福德不應貪著是故
說不受福德須菩提若有人言如来若来若
去若坐若臥是人不解我所說義何以故如
来者无所從来亦无所去故名如来須菩提若
善男子善女人以三千大千世界碎為微塵
於意云何是微塵衆寧為多不甚多世尊
何以故若是微塵衆實有者佛則不說是
微塵衆所以者何佛說微塵衆則非微塵衆
是名微塵衆世尊如来所說三千大千世界則
非世界是名世界何以故若世界實有者則

名微塵衆世尊如來所說三千大千世界則
非世界是名世界何以故若世界實有者則
是一合相如來說一合相則非一合相是名一
合相須菩提一合相者則是不可說但凡夫
之人貪著其事須菩提若人言佛說我見
人見衆生見壽者見須菩提於意云何是人
解我所說義不世尊是人不解如來所說義
何以故世尊說我見人見衆生見壽者見即非
我見人見衆生見壽者見是名我見人見衆
生見壽者見須菩提發阿耨多羅三藐三菩
提心者於一切法應如是知如是見如是信
解不生法相須菩提所言法相者如來說即
非法相是名法相須菩提若有人以滿无量阿
僧祇世界七寶持用布施若有善男子善女

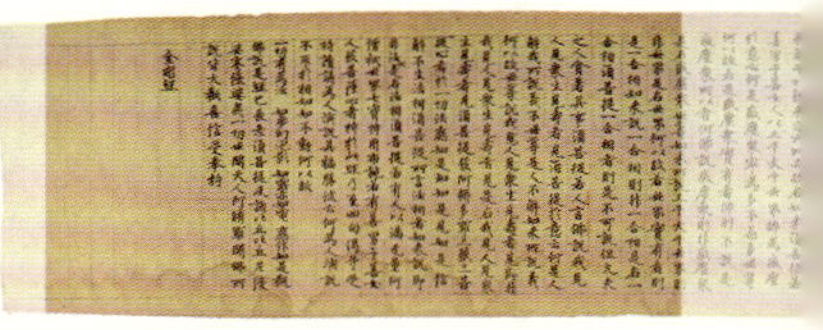

人發菩薩心者持於此經乃至四句偈等受
持讀誦為人演說其福勝彼云何為人演說
不取於相如如不動何以故
一切有為法　如夢幻泡影　如露亦如電　應作如是觀
佛說是經已長老須菩提及諸比丘比丘尼優
婆塞優婆夷一切世間天人阿脩羅聞佛所
說皆大歡喜信受奉持

金剛經

BD00958　金剛般若波羅蜜經

BD00958　金剛般若波羅蜜經

BD00959 妙法蓮華經卷三

（後秦）鳩摩羅什 譯

695.6cm×25.3cm

心尚懷憂懼
大雄猛世尊　常欲安世
尒時世尊知諸大弟子心之所念
是須菩提於當來世奉覲三百万億
佛供養恭敬尊重讚嘆常脩梵行具菩薩道
於最後身得成為佛号曰名相如来應供正
遍知明行足善逝世間解无上士調御丈夫
天人師佛世尊劫名有寶國名寶生其土平
正頗梨為地寶樹莊嚴无諸丘坑沙礫荊棘
便利之穢寶華覆地周遍清淨其土人民皆
處寶臺珎妙樓閣聲聞弟子无量无邊筭數
譬喻所不能知諸菩薩衆无數千万億那由
他佛壽十二小劫正法住世二十小劫像法
亦住二十小劫其佛常處虛空為衆說法度
脫无量菩薩及聲聞衆尒時世尊欲重宣此

義而說偈言

諸比丘衆　今告汝等　皆應一心　聽我所說
我大弟子　須菩提者　當得作佛　号曰名相
當供无數　万億諸佛　隨佛所行　漸具大道
冣後身得　三十二相　端正姝妙　猶如寶山
其佛國土　嚴淨第一　衆生見者　无不愛樂
佛於其中　度无量衆　其佛法中　多諸菩薩
皆悉利根　轉不退輪　彼國常以　菩薩莊嚴
諸聲聞衆　不可稱數　皆得三明　具六神通
住八解脫　有大威德　其佛說法　現於无量
神通變化　不可思議　諸天人民　數如恒沙
皆共合掌　聽受佛語　其佛當壽　十二小劫
正法住世　二十小劫　像法亦住　二十小劫

尒時世尊復告諸比丘衆我今語汝是大迦
旃延於當来世以諸供具供養奉事八千億

BD00959　妙法蓮華經卷三

旃延於當来世以諸供具供養奉事八千億
佛恭敬尊重諸佛滅後各起塔廟高千由旬
縱廣正等五百由旬皆以金銀瑠璃車𤦲馬
瑙真珠玫瑰七寶合成衆華瓔珞塗香末香
燒香繒蓋幢幡供養塔廟過是已後當復供
養二万億佛亦復如是供養是諸佛已具菩
薩道當得作佛号曰閻浮那提金光如来應
供正遍知明行足善逝世間解无上士調御
丈夫天人師佛世尊其土平正頗梨為地寶
樹莊嚴黄金為繩以界道側妙華覆地周遍
清淨見者歡喜无四悪道地獄餓鬼畜生阿
脩羅道多有天人諸聲聞衆及諸菩薩无量
万億莊嚴其國佛壽十二小劫正法住世二
十小劫像法亦住二十小劫尒時世尊欲重
宣此義而説偈言

諸比丘衆　皆一心聽　如我所說　真實无異
是迦旃延　當以種種　妙好供具　供養諸佛
諸佛滅後　起七寶塔　亦以華香　供養舍利
其㝡後身　得佛智慧　成等正覺　國土清淨
度脫无量　万億衆生　皆爲十方　之所供養
佛之光明　无能勝者　其佛号曰　閻浮金光
菩薩聲聞　斷一切有　无量无數　莊嚴其國
尒時世尊復告大衆我今語汝是大目揵連
當以種種供具供養八千諸佛恭敬尊重諸
佛滅後各起塔廟高千由旬縱廣正等五百
由旬以金銀瑠璃車𤦲馬瑙真珠玫瑰七寶
合成衆華瓔珞塗香末香燒香繒蓋幢幡以
用供養過是已後當復供養二百万億諸佛
亦復如是當得成佛号曰多摩羅跋栴檀香
如来應供正遍知明行足善逝世間解无上

如来應供正遍知明行足善逝世間解无上
士調御丈夫天人師佛世尊劫名喜滿國名
意樂其土平正頗梨爲地寶樹莊嚴散真珠
華周遍清淨見者歡喜多諸天人菩薩聲聞
其數无量佛壽二十四小劫正法住世四十
小劫像法亦住四十小劫尒時世尊欲重宣
此義而說偈言
我此弟子　大目揵連　捨此身已　得見八千
二百万億　諸佛世尊　爲佛道故　供養恭敬
於諸佛所　常脩梵行　於无量劫　奉持佛法
諸佛滅後　起七寶塔　長表金刹　華香伎樂
而以供養　諸佛塔廟　漸漸具足　菩薩道已
於意樂國　而得作佛　号多摩羅　栴檀之香
其佛壽命　二十四劫　常爲天人　演說佛道
聲聞无量　如恒河沙　三明六通　有大威德

菩薩无數　志固精進　於佛智慧　皆不退轉
佛滅度後　正法當住　四十小劫　像法亦尒
我諸弟子　威德具足　其數五百　皆當授記
於未來世　咸得成佛
我及汝等　宿世因緣　吾今當說　汝等善聽

妙法蓮華經化城喻品第七

佛告諸比丘乃往過去无量无邊不可思議
阿僧祇劫尒時有佛名大通智勝如來應供
正遍知明行足善逝世間解无上士調御丈
夫天人師佛世尊其國名好成劫名大相諸
比丘彼佛滅度已來甚大久遠譬如三千大
千世界所有地種假使有人磨以為墨過於
東方千國土乃下一點大如微塵又過千國
土復下一點如是展轉盡地種墨於汝等意
云何是諸國土若算師若算師弟子能得邊

云何是諸國土若筭師若筭師弟子能得邊
際知其數不不也世尊諸比丘是人所經國
土若點不點盡末為塵一塵一劫彼佛滅度
已来復過是數无量无邊百千万億阿僧祇
劫我以如来知見力故觀彼久遠猶若今日
尒時世尊欲重宣此義而說偈言
我念過去世　无量无邊劫　有佛兩足尊　名大通智勝
如人以力磨　三千大千土　盡此諸地種　皆悉以為墨
過於千國土　乃下一塵點　如是展轉點　盡此諸塵墨
如是諸國土　點與不點等　復盡末為塵　一塵為一劫
此諸微塵數　其劫復過是　彼佛滅度来　如是无量劫
如来无礙智　知彼佛滅度　及聲聞菩薩　如見今滅度
諸比丘當知　佛智淨微妙　無漏无所礙　通達无量劫
佛告諸比丘大通智勝佛壽五百四十万億
那由他劫其佛本坐道場破魔軍已垂得阿

耨多羅三藐三菩提而諸佛法不現在前如
是一小劫乃至十小劫結跏趺坐身心不動
而諸佛法猶不在前尒時忉利諸天先為彼
佛扵菩提樹下敷師子座高一由旬佛扵此
座當得阿耨多羅三藐三菩提適坐此座時
諸梵天王雨衆天華面百由旬香風時來吹
去萎華更雨新者如是不絕滿十小劫供養
扵佛乃至滅度常雨此華四王諸天為供養
佛常擊天鼓其餘諸天作天伎樂滿十小劫
至于滅度亦復如是諸比丘大通智勝佛過
十小劫諸佛之法乃現在前成阿耨多羅三
藐三菩提其佛未出家時有十六子其第一
者名曰智積諸子各有種種珎異玩好之具
聞父得成阿耨多羅三藐三菩提皆捨所珎
往詣佛所諸母涕泣而隨送之其祖轉輪聖

往詣佛所諸母涕泣而隨送之其祖轉輪聖
王與一百大臣及餘百千万億人民皆共圍
遶隨至道場咸欲親近大通智勝如来供養
恭敬尊重讚嘆到已頭面礼足遶佛畢已一
心合掌瞻仰世尊以偈頌曰
大威德世尊　為度衆生故　於无量億歲　尒乃得成佛
諸願已具足　善哉吉无上　世尊甚希有　一坐十小劫
身體及手足　静然安不動　其心常惔怕　未曾有散亂
究竟永寂滅　安住无漏法　今者見世尊　安隱成佛道
我等得善利　稱慶大歡喜　衆生常苦惱　盲冥无導師
不識苦盡道　不知求解脫　長夜增惡趣　減損諸天衆
從冥入於冥　永不聞佛名　今佛得最上　安隱無漏道
我等及天人　為得最大利　是故咸稽首　歸命无上尊
尒時十六王子偈讚佛已勸請世尊轉於法
輪咸作是言世尊說法多所安隱憐愍饒益

諸天人民重說偈言

世雄无等倫　百福自莊嚴　得无上智慧　願為世間說
度脫於我等　及諸衆生類　為分別顯示　令得是智慧
若我等得佛　衆生亦復然　世尊知衆生　深心之所念
亦知所行道　又知智慧力　欲樂及脩福　宿命所行業
世尊悉知已　當轉无上輪

佛告諸比丘大通智勝佛得阿耨多羅三藐
三菩提時十方各五百万億諸佛世界六種
震動其國中間幽冥之處日月威光所不能
照而皆大明其中衆生各得相見咸作是言
此中云何忽生衆生又其國界諸天宮殿乃
至梵宮六種震動大光普照遍滿世界勝諸
天光尒時東方五百万億諸國土中梵天宮
殿光明照曜倍於常明諸梵天王各作是念
今者宮殿光明昔所未有以何因緣而現此

今者宮殿光明昔所未有以何因緣而現此
相是時諸梵天王即各相詣共議此事而彼
衆中有一大梵天王名救一切爲諸梵衆而
說偈言
我等諸宮殿　光明昔未有　此是何因緣　宜各共求之
爲大德天生　爲佛出世間　而此大光明　遍照於十方
尒時五百万億國土諸梵天王與宮殿俱各
以衣裓盛諸天華共詣西方推尋是相見大
通智勝如來處于道場菩提樹下坐師子座
諸天龍王乾闥婆緊那羅摩睺羅伽人非人
等恭敬圍遶及見十六王子請佛轉法輪即
時諸梵天王頭面礼佛遶百千帀即以天華
而散佛上其所散華如須弥山并以供養佛
菩提樹其菩提樹高十由旬華供養已各以
宮殿奉上彼佛而作是言唯見哀愍饒益

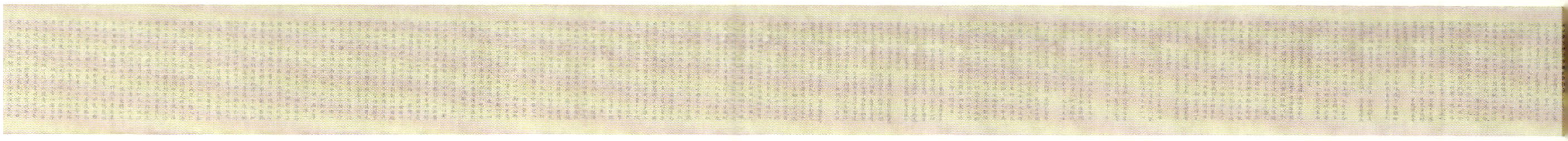

等所獻宮殿　願垂納處　尒時諸梵天王即於
佛前一心同聲以偈頌曰
世尊甚希有　難可得值遇　具无量功德　能救護一切
天人之大師　哀愍於世間　十方諸衆生　普皆蒙饒益
我等所從来　五百万億國　捨深禪定樂　為供養佛故
我等先世福　宮殿甚嚴飾　今以奉世尊　唯願哀納受
尒時諸梵天王偈讃佛已各作是言唯願世
尊轉於法輪度脫衆生開涅槃道時諸梵天
王一心同聲而說偈言
世雄兩足尊　唯願演說法　以大慈悲力　度苦惱衆生
尒時大通智勝如来默然許之又諸比丘東
南方五百万億國土諸大梵王各自見宮殿
光明照曜昔所未有歡喜踊躍生希有心即
各相詣共議此事而彼衆中有一大梵天王
名曰大悲為諸梵衆而說偈言

名曰大悲　為諸梵眾而說偈言
是事何因緣　而現如此相　我等諸宮殿　光明昔未有
為大德天生　為佛出世間　未曾見此相　當共一心求
過千万億土　尋光共推之　多是佛出世　度脫苦眾生
尒時五百万億諸梵天王與宮殿俱各以衣
裓盛諸天華共詣西北方推尋是相見大通
智勝如來處于道場菩提樹下坐師子座諸
天龍王乾闥婆緊那羅摩睺羅伽人非人等
恭敬圍遶及見十六王子請佛轉法輪時諸
梵天王頭面礼佛遶百千帀即以天華而散
佛上所散之華如須弥山并以供養佛菩提
樹華供養已各以宮殿奉上彼佛而作是言
唯見哀愍饒益我等所獻宮殿願垂納處尒
時諸梵天王即於佛前一心同聲以偈頌曰
聖主天中王　迦陵頻伽聲　哀愍眾生者　我等今敬礼

世尊甚希有　久遠乃一現　一百八十劫　空過无有佛
三惡道充滿　諸天衆減少　今佛出於世　為衆生作眼
世間所歸趣　救護於一切　為衆生之父　哀愍饒益者
我等宿福慶　今得值世尊
尒時諸梵天王偈讚佛已各作是言唯願世
尊哀愍一切轉於法輪度脫衆生時諸梵天
王一心同聲而說偈言
大聖轉法輪　顯示諸法相　度苦惱衆生　令得大歡喜
衆生聞是法　得道若生天　諸惡道減少　忍善者增益
尒時大通智勝如来默然許之
又諸比丘南方五百万億國土諸大梵王各
自見宮殿光明照曜昔所未有歡喜踊躍生
希有心即各相詣共議此事以何因緣我等
宮殿有此光曜而彼衆中有一大梵天王名
曰妙法為諸梵衆而說偈言

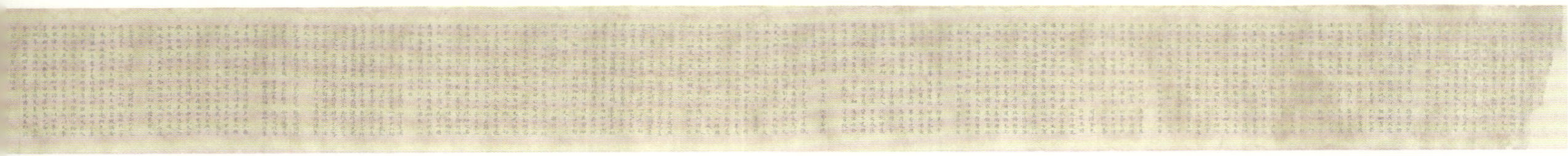

宮殿有此光曜而彼衆中有一大梵天王名
曰妙法為諸梵衆而說偈言
我等諸宮殿　光明甚威曜　此非无因緣　是相宜求之
過於百千劫　未曾見是相　為大德天生　為佛出世間
尒時五百万億諸梵天王與宮殿俱各以衣
裓盛諸天華共詣北方推尋是相見大通智
勝如來處于道場菩提樹下坐師子座諸天
龍王乾闥婆緊那羅摩睺羅伽人非人等恭
敬圍遶及見十六王子請佛轉法輪即時諸
梵天王頭面礼佛遶百千帀即以天華而散
佛上所散之華如須弥山并以供養佛菩提
樹華供養已各以宮殿奉上彼佛而作是言
唯見哀愍饒益我等所獻宮殿願垂納處尒
時諸梵天王即於佛前一心同聲以偈頌曰
世尊甚難見　破諸煩惱者　過百三十劫　今乃得一見

諸飢渴衆生　以法雨充滿　昔所未曾覩　无量智慧者
如優曇鉢華　今日乃值遇　我等諸宮殿　蒙光故嚴飾
世尊大慈愍　唯願垂納受
尒時諸梵天王偈讚佛已各作是言唯願世
尊轉於法輪令一切世間諸天魔梵沙門婆
羅門皆獲安隱而得度脫時諸梵天王一心
同聲以偈頌曰
唯願天人尊　轉无上法輪　擊于大法鼓　而吹大法螺
普雨大法雨　度无量衆生　我等咸歸請　當演深遠音
尒時大通智勝如來嘿然許之西南方乃至
下方亦復如是
尒時上方五百万億國土諸大梵王皆悉自
覩所止宮殿光明威曜昔所未有歡喜踊躍
生希有心即各相詣共議此事以何因緣我
等宮殿有斯光明而彼衆中有一大梵天王

等宮殿有斯光明而彼衆中有一大梵天王
名曰尸棄爲諸梵衆而說偈言
今以何因緣　我等諸宮殿　威德光明耀　嚴飾未曾有
如是之妙相　昔所不聞見　爲大德天生　爲佛出世間
尒時五百万億諸梵天王與宮殿俱各以衣
裓盛諸天華共詣下方推尋是相見大通智
勝如來處于道場菩提樹下坐師子座諸天
龍王乹闥婆緊那羅摩睺羅伽人非人等恭
敬圍遶及見十六王子請佛轉法輪時諸梵
天王頭面礼佛遶百千帀即以天華而散佛
上所散之華如須弥山并以供養佛菩提樹
華供養已各以宮殿奉上彼佛而作是言唯
見哀愍饒益我等所獻宮殿願垂納處尒時
諸梵天王即於佛前一心同聲以偈頌曰
善哉見諸佛　救世之聖尊　能於三界獄　勉出諸衆生

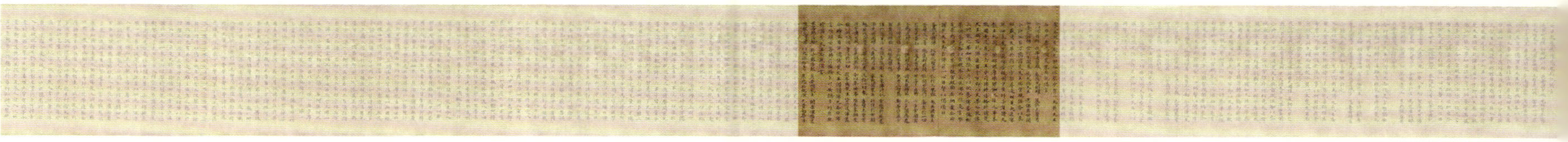

普聖天人尊　愍哀群萌類　能開甘露門　廣度於一切
於昔无量劫　空過无有佛　世尊未出時　十方常闇冥
三惡道增長　阿脩羅亦盛　諸天衆轉減　死多墮惡道
不從佛聞法　常行不善事　色力及智慧　斯等皆減少
罪業因緣故　失樂及樂想
住於邪見法　不識善儀則　不蒙佛所化　常墮於惡道
佛為世間眼　久遠時乃出　哀愍諸衆生　故現於世間
超出成正覺　我等甚欣慶　及餘一切衆　喜歎未曾有
我等諸宮殿　蒙光故嚴飾　今以奉世尊　唯垂哀納受
願以此功德　普及於一切　我等與衆生　皆共成佛道
尒時五百万億諸梵天王偈讚佛已各白佛
言唯願世尊轉於法輪多所安隱多所度脫
時諸梵天王而說偈言
世尊轉法輪　擊甘露法鼓　度苦惱衆生　開示涅槃道
唯願受我請　以大微妙音　哀愍而敷演　无量劫集法

唯願受我請 以大微妙音 哀愍而敷演 无量劫集法
尒時大通智勝如來受十方諸梵天王及十
六王子請即時三轉十二行法輪若沙門婆
羅門若天魔梵及餘世間所不能轉謂是苦
是苦集是苦滅是苦滅道及廣說十二因緣
法无明緣行行緣識識緣名色名色緣六入
六入緣觸觸緣受受緣愛愛緣取取緣有有
緣生生緣老死憂悲苦惱无明滅則行滅行
滅則識滅識滅則名色滅名色滅則六入滅
六入滅則觸滅觸滅則受滅受滅則愛滅愛
滅則取滅取滅則有滅有滅則生滅生滅則
老死憂悲苦惱滅佛於天人大眾之中說是
法時六百万億那由他人以不受一切法故
而於諸漏心得解脫皆得深妙禪定三明六
通具八解脫第二第三第四說法時千万億

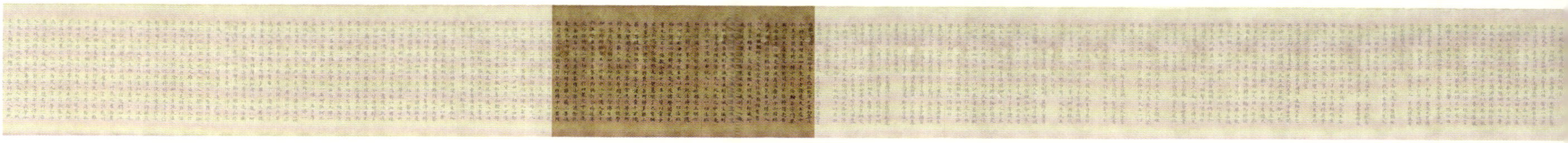

恒河沙那由他等衆生亦以不受一切法故
而於諸漏心得解脫從是已後諸聲聞衆无
量无邊不可稱數尒時十六王子皆以童子
出家而為沙弥諸根通利智慧明了已曾供
養百千万億諸佛淨脩梵行求阿耨多羅三
藐三菩提俱白佛言世尊是諸无量千万億
大德聲聞皆已成就世尊亦當為我等說阿
耨多羅三藐三菩提法我等聞已皆共脩學
世尊我等志願如來知見深心所念佛自證
知尒時轉輪聖王所將衆中八万億人見十
六王子出家亦求出家王即聽許尒時彼佛
受沙弥請過二万劫已乃於四衆之中說是
大乘經名妙法蓮華教菩薩法佛所護念說
是經已十六沙弥為阿耨多羅三藐三菩提
故皆共受持諷誦通利說是經時十六菩薩

BD00959　妙法蓮華經卷三

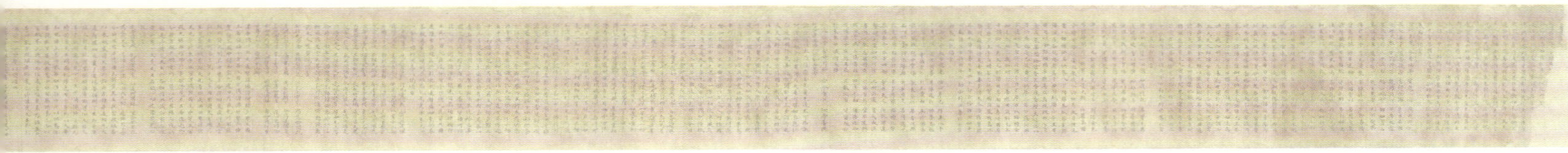

故皆共受持諷誦通利說是經時十六菩薩
沙弥皆悉信受聲聞衆中亦有信解其餘衆
生千万億種皆生疑惑佛說是經於八千劫
未曾休廢說此經已即入靜室住於禪定八
万四千劫是時十六菩薩沙弥知佛入室寂
然禪定各昇法座亦於八万四千劫為四部
衆廣說分別妙法華經一一皆度六百万億
那由他恒河沙等衆生示教利喜令發阿耨
多羅三藐三菩提心大通智勝佛過八万四
千劫已從三昧起往詣法座安詳而坐普告
大衆是十六菩薩沙弥甚為希有諸根通利
智慧明了已曾供養无量千万億數諸佛於
諸佛所常脩梵行受持佛智開示衆生令入
其中汝等皆當數數親近而供養之所以者
何若聲聞辟支佛及諸菩薩能信是十六菩

薩所說經法受持不毀者是人皆當得阿耨
多羅三藐三菩提如來之慧佛告諸比丘是
十六菩薩常樂說是妙法華經一一菩薩所
化六百万億那由他恒河沙等衆生世世所
生與菩薩俱從其聞法悉皆信解以此因緣
得值四万億諸佛世尊于今不盡諸比丘我
今語汝彼佛弟子十六沙弥今皆得阿耨多
羅三藐三菩提於十方國土現在說法有无
量百千万億菩薩聲聞以爲眷屬其二沙弥
東方作佛一名阿閦在歡喜國二名須弥頂
東南方二佛一名師子音二名師子相南方
二佛一名虛空住二名常滅西南方二佛一
名帝相二名梵相西方二佛一名阿弥陀二
名度一切世間苦惱西北方二佛一名多摩
羅跋栴檀香神通二名須弥相北方二佛一

羅跋栴檀香神通二名須弥相北方二佛一
名雲自在二名雲自在王東北方佛名壞一切
世間怖畏第十六我釋迦牟尼佛於娑婆
國土成阿耨多羅三藐三菩提諸比丘我等
為沙弥時各各教化无量百千万億恒河沙
等衆生從我聞法為阿耨多羅三藐三菩提
此諸衆生于今有住聲聞地者我常教化阿
耨多羅三藐三菩提是諸人等應以是法漸
入佛道所以者何如来智慧難信難解尒時
所化无量恒河沙等衆生者汝等諸比丘及
我滅度後未来世中聲聞弟子是也我滅度
後復有弟子不聞是經不知不覺菩薩所行
自於所得功德生滅度想當入涅槃我於餘
國作佛更有異名是人雖生滅度之想入於
涅槃而於彼土求佛智慧得聞是經唯以佛

乘而得滅度更无餘乘除諸如来方便說法
諸比丘若如来自知涅槃時到衆又清淨信
解堅固了達空法深入禪定便集諸菩薩及
聲聞衆為說是經世間无有二乘而得滅度
唯一佛乘得滅度耳比丘當知如来方便深
入衆生之性知其志樂小法深著五欲為是
等故說於涅槃是人若聞則便信受譬如五
百由旬險難惡道曠絕无人怖畏之處若有
多衆欲過此道至珎寶處有一導師聰慧明
達善知險道通塞之相將導衆人欲過此難
所將人衆中路懈退白導師言我等疲極而
復怖畏不能復進前路猶遠今欲退還導師
多諸方便而作是念此等可愍云何捨大珎
寶而欲退還作是念已以方便力於險道中
過三百由旬化作一城告衆人言汝等勿怖

BD00959　妙法蓮華經卷三

過三百由旬化作一城告衆人言汝等勿怖
莫得退還今是大城可於中止隨意所作若
入是城快得安隱若能前至寶所亦可得去
是時疲極之衆心大歡喜歎未曾有我等今
者免斯惡道快得安隱於是衆人前入化城
生已度想生安隱想尒時導師知此人衆既
得止息无復疲惓即滅化城語衆人言汝等
去來寶處在近向者大城我所化作爲止息
耳諸比丘如來亦復如是今爲汝等作大導
師知諸生死煩惱惡道險難長遠應去應度
若衆生但聞一佛乘者則不欲見佛不欲親
近便作是念佛道長遠久受勤苦乃可得成
佛知是心怯弱下劣以方便力而於中道爲
止息故說二涅槃若衆生住於二地如來尒
時即便爲說汝等所作未辦汝所住地近於

佛慧當觀察籌量所得涅槃非真實也但是如来方便之力於一佛乘分别說三如彼導師為止息故化作大城既知息已而告之言寶處在近此城非實我化作耳尒時世尊欲重宣此義而說偈言

大通智勝佛 十劫坐道場 佛法不現前 不得成佛道
諸天龍神王 阿脩羅衆等 常雨於天華 以供養彼佛
諸天擊天鼓 并作衆伎樂 香風吹萎華 更雨新好者
過十小劫已 乃得成佛道 諸天及世人 心皆懷踊躍
彼佛十六子 皆與其眷屬 千万億圍遶 俱行至佛所
頭面礼佛足 而請轉法輪 聖師子法雨 充我及一切
世尊甚難值 久遠時一現 為覺悟群生 震動於一切
東方諸世界 五百万億國 梵宮殿光耀 昔所未曾有
諸梵見此相 尋来至佛所 散華以供養 并奉上宮殿
諸佛轉法輪 以偈而讚嘆 佛知時未至 受請嘿然坐

諸佛轉法輪　以偈而讚嘆　佛知時未至　受請嘿然坐
三方及四維　上下亦復介　散華奉宮殿　請佛轉法輪
世尊甚難值　願以大慈悲　廣開甘露門　轉无上法輪
无量慧世尊　受彼衆人請　為宣種種法　四諦十二緣
无明至老死　皆從生緣有　如是衆過患　汝等應當知
宣暢是法時　六百万億姟　得盡諸苦際　皆成阿羅漢
第二說法時　千万恒沙衆　於諸法不受　亦得阿羅漢
從是後得道　其數无有量　万億劫筭數　不能得其邊
時十六王子　出家作沙弥　皆共請彼佛　演說大乘法
我等及營從　皆當成佛道　願得如世尊　慧眼第一淨
佛知童子心　宿世之所行　以无量因緣　種種諸譬喻
說六波羅蜜　及諸神通事　分別真實法　菩薩所行道
說是法華經　如恒河沙偈　彼佛說經已　靜室入禪定
一心一處坐　八万四千劫
是諸沙弥等　知佛禪未出　為无量億衆　說佛无上慧

各各坐法座 說是大乘經 於佛宴寂後 宣揚助法化
一一沙弥等 所度諸衆生 有六百万億 恒河沙等衆
彼佛滅度後 是諸聞法者 在在諸佛土 常與師俱生
是十六沙弥 具足行佛道 今現在十方 各得成正覺
尒時聞法者 各在諸佛所 其有住聲聞 漸教以佛道
我在十六數 曾亦為汝說 是故以方便 引汝趣佛慧
以是本因緣 今說法華經 令汝入佛道 慎勿懷驚懼
譬如險惡道 迴絶多毒獸 又復无水草 人所怖畏處
无數千万衆 欲過此險道 其路甚曠遠 經五百由旬
時有一導師 強識有智慧 明了心決定 在險濟衆難
衆人皆疲惓 而白導師言 我等今頓乏 於此欲退還
導師作是念 此輩甚可愍 如何欲退還 而失大珍寶
尋時思方便 當設神通力 化作大城郭 莊嚴諸舍宅
周帀有園林 渠流及浴池 重門高樓閣 男女皆充滿
即作是化已 慰衆言勿懼 汝等入此城 各可隨所樂

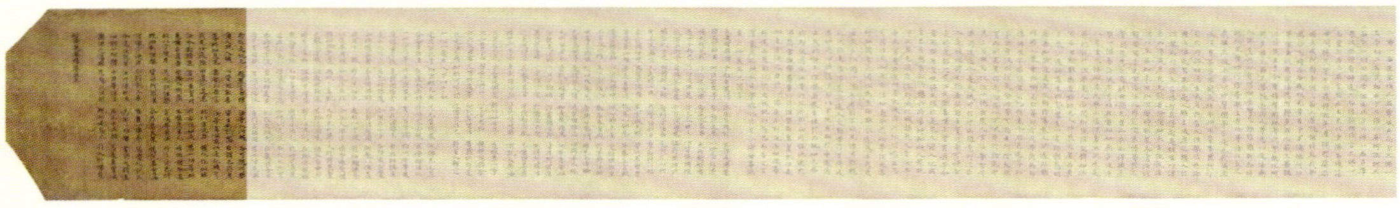

即作是化已　慰眾言勿懼　汝等入此城　各可隨所樂
諸人既入城　心皆大歡喜　皆生安隱想　自謂已得度
導師知息已　集眾而告言　汝等當前進　此是化城耳
我見汝疲極　中道欲退還　故以方便力　權化作此城
汝今勤精進　當共至寶所　我亦復如是　為一切導師
見諸求道者　中路而懈廢　不能度生死　煩惱諸險道
故以方便力　為息說涅槃　言汝等苦滅　所作皆已辦
既知到涅槃　皆得阿羅漢　尒乃集大眾　為說真實法
諸佛方便力　分別說三乘　唯有一佛乘　息處故說二
今為汝說實　汝所得非滅　為佛一切智　當發大精進
汝證一切智　十力等佛法　具三十二相　乃是真實滅
諸佛之導師　為息說涅槃　既知是息已　引入於佛慧

妙法蓮華經卷第三

BD00960

勝天王般若波羅蜜經卷二

（南朝陳）月婆首那 譯

518.6cm × 27cm

衣爲佛敷坐高如須弥无量百千釋梵讃世
諸天王等合掌恭敬散諸妙華曼陁羅華摩
訶曼陁羅華曼殊沙華摩訶曼殊沙華白蓮
華赤蓮華紅蓮華青蓮華耆闍崛山縱廣
四十由旬積華遍滿至于佛膝无量天子作諸
天樂不敢自鳴空中歎言希覩佛興世希見
轉法輪善哉閻浮提一切衆生勤脩功德多
種善根得聞如是甚深般若波羅蜜況復來
世有能信者如是衆生悉行諸佛如來境界
復有无量百千諸大龍王各以神力普興大
雲降注香雨灑耆闍崛山及三千大千世界
諸聽法者唯覺香潤不見霑濡无量龍女
悉於佛前合掌讃歎无量乾闥婆以妙音樂而共

眷佛其夜又雨散諸妙華十方无量无邊國
土諸佛世尊皆放眉間白豪光明照此娑
婆世界耆闍崛山其三千大千世界幽暗之
處日月不照悉蒙光明照世界已還至佛所
右繞三匝從佛頂入无量百千婆羅門剎利
居士長者以塗香末香幡華幢蓋而供養佛
尒時衆中七十二億菩薩摩訶薩得无生法
忍无量百千万億衆生得遠塵垢法眼淨无
量百千万億衆生發阿耨多羅三藐三菩提
心尒時勝天王白佛言世尊般若波羅蜜離
文字无語言云何菩薩摩訶薩行般若波羅
蜜為衆生說法佛告勝天王言大王菩薩摩
訶薩行般若波羅蜜如是說法為脩習佛法
故而說佛法畢竟不可得為成熟諸波羅蜜

訶薩行般若波羅蜜如大王言說依世諦
故而說佛法畢竟不可得為成熟諸波羅蜜
而波羅蜜畢竟不可得為清淨菩提而菩提
畢竟不可得為涅槃離欲滅而涅槃離欲滅
畢竟不可得為須陁洹斯陁含阿那含阿羅
漢果而須陁洹乃至阿羅漢畢竟不可得為
辟支佛而辟支佛畢竟不可得為斷除我取
而我及取畢竟不可得菩薩摩訶薩如是行
甚深般若波羅蜜心不分別一切諸相我能
分別及所分別悉不可得隨順般若波羅蜜
不違生死雖在生死不逆般若波羅蜜隨順
法相勝天王白佛言世尊菩薩摩訶薩云何
隨順法相不違世諦佛告勝天王言大王菩
薩摩訶薩隨順甚深般若波羅蜜不遠離生

受想行識不遠離欲界色界无色界不遠離
法而不著般若波羅蜜不遠離道何以故具
巧方便故勝天王白佛言世尊何者是菩薩
摩訶薩善巧方便佛告勝天王言大王所謂
无量菩薩摩訶薩具慈悲喜捨不捨衆生常
能利益大王菩薩摩訶薩行般若波羅蜜具
无邊慈无分別慈法慈不息慈不惱慈利益
慈平等慈為益慈出世慈成就如是等大慈
世尊云何大悲佛言大王菩薩摩訶薩行般
若波羅蜜衆生苦惱无歸无依處即為濟拔
發菩提心勤求正法既自得已為衆生說其
慳貪者教行布施无戒破戒教令持戒惡性
之人教行忍辱懶惰懈怠教令精進散亂之人
教行禪定愚癡之人教行般若為度衆生

之人教行惡戾嫉[illegible][illegible][illegible]教道[illegible][illegible]之人
教行禪定愚癡之人教行般若為度衆生
雖遭苦惱終不捨離菩提之心是名大悲世
尊云何大喜佛言大王菩薩摩訶薩行般
若波羅蜜作是思惟三界熾燃我已出離故生
歡喜久相繫著生死之繩我已割斷故生歡
喜種種覺觀及諸取相於生死海我已得出
故生歡喜无始豎立我慢之幢我今已摧故
生歡喜以金剛智壞煩惱山永不復立故生
歡喜我自安隱又令他安隱愚癡黑暗貪愛
繫縛久寐世間今始得覺故生歡喜我今已離
一切惡趣又拔衆生令出惡道衆生久於生
死迷亂不知出道我今濟拔開示正路悉令
得至菩提故生歡喜是名大喜大王菩

薩摩訶薩行般若波羅蜜眼所見色不著不
離而起捨心耳聲鼻香舌味身觸意法亦尒
大王菩薩摩訶薩行般若波羅蜜成就如是
四无量心
尒時勝天王白佛言世尊云何菩薩摩訶薩
行般若波羅蜜為度衆生示現諸相佛告勝
天王言大王般若波羅蜜相不可得菩薩摩
訶薩相亦不可得但方便力教化衆生示現
處胎乃至涅槃何以故諸天計常謂无墮落
菩薩摩訶薩行般若波羅蜜以方便力破此
執故示現處胎因令彼天起无常念世間最
勝最高无等不著五欲不能汙尚有墮落
況復餘天是故咸應勿復放逸懃加精進心
脩道觧如見日尚有隱沒則知螢火不得久

泥復餘天是故同願勿復放逸懃加精進一心
脩道譬如見日尚有隱沒則知螢火不得久
住大王復有放逸諸天貪著樂故不脩正法
雖與菩薩同在天宫不往礼拜不諮受法而
住是意今且遊戲明諸菩薩各相謂言菩薩
與我常共在此脩行何晚菩薩摩訶薩行般
若波羅蜜懃脩精進如救頭燃破行放逸亦
現墮落如是示現有二因緣一令諸天離放
逸故二令衆生咸得見故大王世間復有下
劣衆生不堪見佛及无上道及轉法輪菩薩
摩訶薩為此衆生是故示現嬰兒童子後宫
遊戲菩薩若住餘像說法後宫女人則不信
樂是故示現嬰兒童子大王有高行者常能
離欲菩薩摩訶薩為化彼故示現出家大王

復有天人作如是念若以諸生處人天身不
得聖道菩薩摩訶薩為化此故亦現苦行亦
為降伏諸外道故亦現苦行大王復有天人
長夜發願菩薩摩訶薩行詣道場我等諸
天常獻供養菩薩為化此衆生故亦詣道場一
切人衆皆悉獲得菩提因緣大王復有天人
作如是念惡魔外道鄣㝵正法願得菩薩坐
於道場降伏惡魔及諸外道正信之人悉令
見法菩薩摩訶薩既成道已三千大千世界
於虛空中種種音聲而讚歎曰佛日出世螢
火隱沒此等天人悉發是言願我來世皆得
阿耨多羅三藐三菩提如今菩薩摩訶薩為
是衆生現坐道場大王又有天人作如是言
願見大師成就一切智无師智自然智不求

BD00960　勝天王般若波羅蜜經卷二

是衆生現坐道場大王又有天人作如是言
願見大師成就一切智无師智自然智不求
出離根性純熟是深法器爲是衆生亦現三
轉十二種法輪大王復有天人樂聞涅槃菩
薩爲化彼衆生故亦現涅槃大王菩薩摩訶
薩脩行般若波羅蜜能現如是種種之相
大王菩薩摩訶薩行般若波羅蜜不生難處何
以故无福德人不聞般若波羅蜜名字故又
復常離一切惡業佛所說戒悉不毀犯心无
瑕垢巳於過去无數佛所多種善具足功
德智慧方便成就大願心樂寂靜懃行精進
大王菩薩摩訶薩无有惡業墮地獄性行
十善故菩薩摩訶薩无有破戒墮畜生性
持戒故菩薩摩訶薩无有嫉妬不墮餓鬼下

生取見家常值善知識何以故已於過去无
數佛所深種善根是故生處皆志正見菩薩
受生諸根不缺成佛法器何以故於過去世
供養諸佛聽聞正法礼敬大衆是故根具相
貌端圓成佛法器大王菩薩不生邊地鈍根
愚癡不知善惡語言義趣非佛法器不識沙
門婆羅門何以故菩薩受生必在中國利根
智慧言辭辯了善知語義是佛法器善知沙
門及婆羅門何以故菩薩摩訶薩宿世智慧
力故大王菩薩不生長壽天不見諸佛不利
衆生故菩薩所生在欲界示現出世利益
衆生何以故善方便故大王菩薩不生空世
界中此處无佛不聞正法不供養僧何以故
菩薩生處必具三寶宿願重故菩薩生聞

界中山處无佛不聞正法不供養僧何以故
菩薩生處必具三寶宿願徑故菩薩若聞惡
世界名即生厭離脩行寂靜心不懈怠以一
切善滅諸惡法大王菩薩摩訶薩脩行般若
波羅蜜以是因緣不生難處大王菩薩摩訶
薩行般若波羅蜜乃至夢中尚不忘失菩提
之心況復覺時何以故一切善法生於此心
此心即是阿耨多羅三藐三菩提心若无此
心則无有佛无佛无法无僧由此心故得有
三寶及以天人菩薩摩訶薩常離諂曲質直
柔和其心清淨不起佛法欲聽受者不秘深
義離法嫉妬遠三塗業於初中後无有異相
行不違言護持大乘見同學者則生恭敬勸
也脩習讚歎大乘〻義去邪常生律退亡等

知識遠離惡友大王菩薩摩訶薩修般若波
羅蜜如是成就菩提之心因由此心得宿命
智何以故已曾供養无量諸佛護持正法修
清淨戒遠離惡業鄣身永无心常歡喜心
懃修學心不散亂心智不失何以故大王若菩
薩摩訶薩已曾供養无量諸佛則尊重正法
由重法故廣爲人說爲護正法不惜身命身
口意業三種清淨業清淨已得離鄣身離鄣
身故心常歡喜心歡喜故則懃精進心性正
直念智具足由念智故知過去生一十百千
乃至无數大王菩薩摩訶薩行般若波羅蜜
如是了知過去生處既了宿命近善知識由
善知識於諸佛所不失三事謂見聞念常聽
正法供養僧寶无空過時諸佛菩薩所宣

善知識於諸佛所不失三事謂見聞念常聽
正法供養僧寶无空過時諸佛菩薩所恒恭
敬礼拜尊重行住坐卧不離多聞大王持淨
戒者耳根常聞般若波羅蜜名字恒懃脩習
助道之法曾不遠離三解脱門脩四无量常
聞薩婆若名大王菩薩摩訶薩行般若波羅
蜜以是因緣近善知識大王菩薩摩訶薩行
般若波羅蜜乃至夢中不近惡友何況覺時
何以故菩薩摩訶薩不與破戒人共住耶見
人无威儀人耶命人无義語人嬾惰人樂住
生死人背菩提人樂俗務人不與共住大王
菩薩摩訶薩行如是法離惡知識大王菩薩
摩訶薩行般若波羅蜜能得如來清淨之身
所謂平等身清淨身无盡身善脩得身去

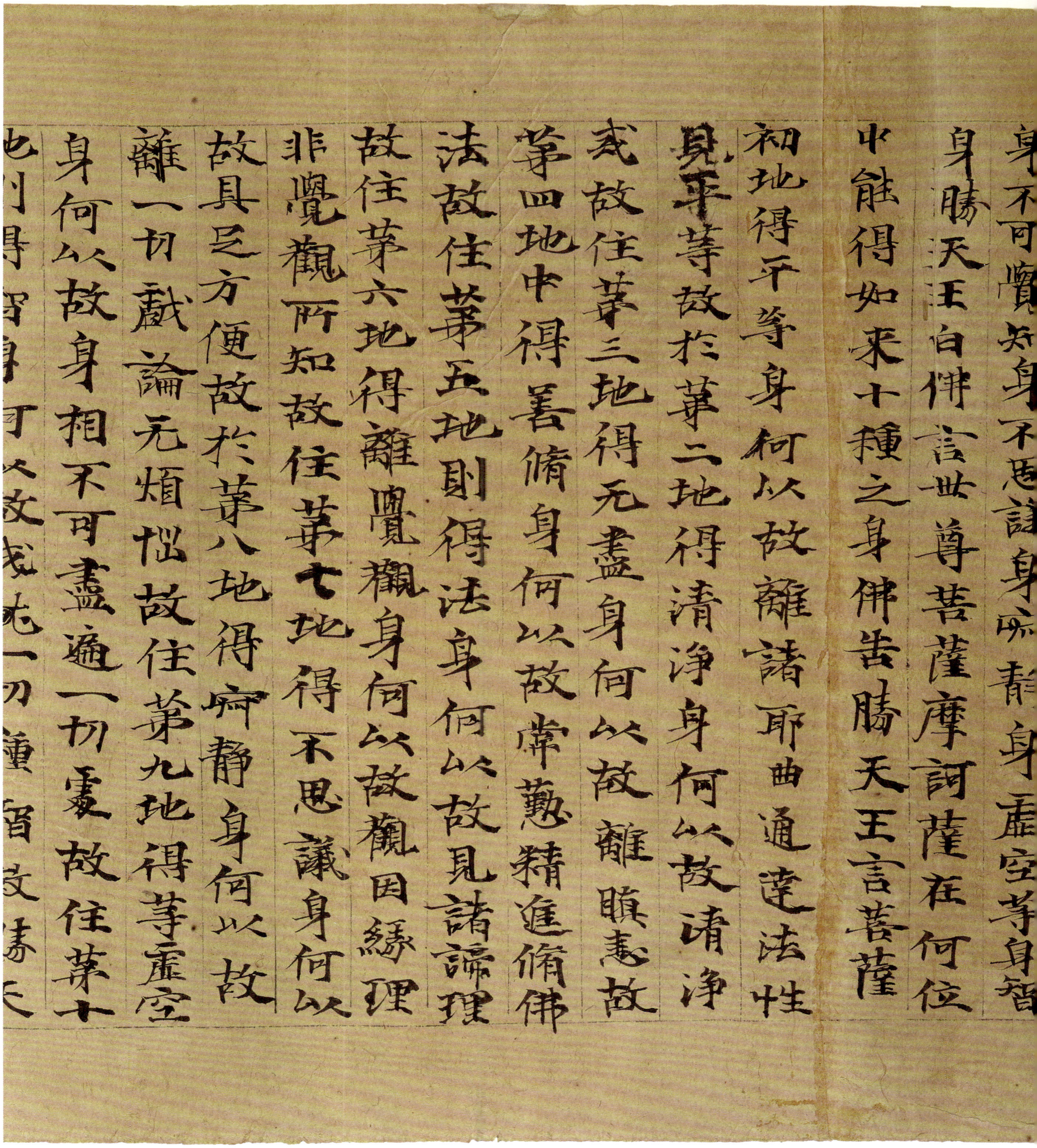

身不可覺知身不思議身寂靜身虛空等身智
身勝天王白佛言世尊菩薩摩訶薩在何位
中能得如來十種之身佛告勝天王言菩薩
初地得平等身何以故離諸邪曲通達法性
見平等故於第二地得清淨身何以故清淨
戒故住第三地得无盡身何以故離瞋恚故
第四地中得善修身何以故常懃精進修佛
法故住第五地則得法身何以故見諸諦理
故住第六地得離覺觀身何以故觀因緣理
非覺觀所知故住第七地得不思議身何以
故具足方便故於第八地得寂靜身何以故
離一切戲論无煩惱故住第九地得等虛空
身何以故身相不可盡遍一切處故住第十
地得智身何以故成就一切種智故勝天

BD00960　勝天王般若波羅蜜經卷二

身何以故身相不可盡遍一切處故住第十
地則得智身何以故成就一切種智故勝天
王白佛言如來之身與菩薩身无差別乎佛
告勝天王言身无差別但功德異勝天王言
其義云何大王佛菩薩身无有差別何以故
一切諸法同一性相功德差別世尊云何功
德而有差別佛言大王今當爲王譬喻顯了
譬如寶珠若有裝餝或不裝餝其珠何異佛
與菩薩功德有差法身无別何以故如來功
德一切圓滿盡于十方遍衆生界清淨離垢
鄣微永无菩薩之身功德未滿有餘鄣故譬
如初月十五日月虧盈有異月性无差此等
諸身皆悉堅固猶如金剛不可破壞何以故
三毒不放出去不雜惡趣之關吉不生蓋悉

已遠離生老病死能伏外道過魔境界不墮
聲聞辟支佛乘以是因緣不可破壞大王菩
薩摩訶薩行般若波羅蜜善能將導一切世
間天人阿脩羅辟如有人善為將導若國王
王等長者居士意咸用之菩薩亦尒聲聞緣
覺菩薩諸佛咸同用為將導又如善將導
者世間國王婆羅門長者居士咸共尊重菩
薩亦尒天龍夜叉有學无學之所供養又如曠
野險難怖畏行人疲惓遇善將導能令安隱
菩薩亦尒以方便力於彼生死煩惱賊難將
導衆生安隱得出又如貧人依冨長者方出
險難梵志尼揵及餘外道於生死中依行般
若波羅蜜菩薩尒乃出離又如大冨長者无
量資財為一切人之所受用行般若波羅蜜

量資財為一切人之所受用行般若波羅蜜
菩薩亦復如是於生死中六道衆生之所受
用又如大富長者欲過險難必要多伴飲食
資粮皆悉具足尒乃得過菩薩亦尒出世
間以功德智慧攝一切衆生度生死難至薩
婆若又如人遠行多賫寶物為得利故菩薩
亦尒從生死海至薩婆若廣脩功德智慧為
得一切智故又如世人求財无厭菩薩樂法
亦无厭心之如將尊四事勝他所謂財富家
勝位高語用菩薩亦尒富功德位家勝法自
在无異言又如人善尊至於大城菩薩亦尒
善能將尊至薩婆若城大王菩薩摩訶薩行
般若波羅蜜善知行路不可行路耶正安善
有水无水相很曲直出離之道皆悉通達大

王菩薩摩訶薩知不倒路凡所示道不違衆
根爲大乘人示无上道不說聲聞辟支佛路
爲小乘人示聲聞道不說大乘辟支佛根示
緣覺路不說薩婆若道爲著我見說无我道
著法衆生爲說空道著二邊者爲說中道爲
散亂者說奢摩他毗婆舍那不說散亂戲
論衆生示如如道不說言語著生死者示涅槃
道不說世間爲迷塗者而說正道大王是名
菩薩知耶正路

勝天王般若波羅蜜經念處品第四

尒時勝天王即從坐起偏袒右肩右膝著地
合掌向佛頭面作礼而白佛言世尊菩薩摩
訶薩行般若波羅蜜能如是知路非路者心
云何住佛告勝天王言大王菩薩摩訶薩行

訶薩行般若波羅蜜能如是知路非路者心
緣何住佛告勝天王言大王菩薩摩訶薩行
般若波羅蜜心正不亂何以故善念身念受
念心念法菩薩摩訶薩凡所遊行城邑聚落
聞利養名如佛戒說煩惱繫縛善自憶念
大王云何菩薩摩訶薩行般若波羅蜜念身
與身相應惡不善法以如實智悉遠離之觀
身過失始自足底乃至頭頂此身无我无常敗
壞但以筋脉共相連持腥臊臭穢色惡可惡
所不喜見如是觀已身中貪欲悉不復生不
起身我以是因緣相應善法皆悉隨順云何
菩薩摩訶薩行般若波羅蜜念受住是思惟
諸受皆苦顛倒衆生妄起樂相凡夫愚癡以
苦為樂聖人但說一切皆苦勤脩精進為斷

滅故亦教餘人修學此法住是觀已恒自念
受不隨受行修行斷受亦令他學云何菩薩
摩訶薩行般若波羅蜜念心住是思惟此心
无常而謂常住於苦謂樂无我謂我不淨謂
淨數動不住速疾轉易結使根本諸惡趣門
煩惱因緣壞滅善道是不可信貪瞋癡主一切
法中心爲上首若善知心悉解衆法種種世
間皆由心造心不自見若善若惡皆心所起
心性迴轉如旋火輪易轉如馬能燒如火暴
起如水住如是觀於念不動不隨心行令心
隨已若能伏心則伏衆法云何菩薩摩訶薩
行般若波羅蜜念法惡不善法能如實知所
謂貪欲瞋恚愚癡及餘煩惱而修對治貪
欲對治瞋恚對治愚癡對治如是知已得迴

謂貪欲瞋恚愚癡及餘煩惱而脩對治貪
欲對治瞋恚對治愚癡對治如是知已即迴
起念不行彼法亦令他離云何菩薩摩訶薩
行般若波羅蜜於境起念若見色聲香味觸
作是思惟云何於彼不真實法而生貪愛此
乃凡夫愚癡所着即是不善如世尊說愛即
生着着即迷惑迷故不知善法惡法以是因
緣生於惡趣菩薩摩訶薩自不漏失不着
境界令他亦令大王菩薩摩訶薩行般若波羅
蜜阿蘭若念作是思惟阿蘭若者是无諍人
之所住處寂靜住處於此處中天龍夜叉他
心智人悉能知我心心數法不應於此起斜
思惟即得捨離於法正憶念脩行之大王菩
薩摩訶薩行般若波羅蜜住是思惟城邑聚

落非出家人所可行處則不應往所謂酤酒
婬女王城博弈歌儛之處悉遠離之大王菩
薩摩訶薩行般若波羅蜜聞利養名起正
憶念作是思惟為生施福故受此財不由貪愛
愛不出內生長子息不言我財一切貧窮普
皆周給如是行者人所讚歎終不計我及以
我所復作是念人皆稱我慧施名聞世間无
常須臾磨滅云何智人无常无實不恒无主
隨彼而行起我我所大王菩薩摩訶薩行般
若波羅蜜於佛世尊所說念戒作是思惟過
去諸佛皆學此戒成无上道得至涅槃當來
諸佛現在亦尒如是知已精進勤脩大王菩
薩摩訶薩行般若波羅蜜為化衆生及以自
身少欲知之著糞掃衣心常清潔信力堅固

BD00960　勝天王般若波羅蜜經卷二

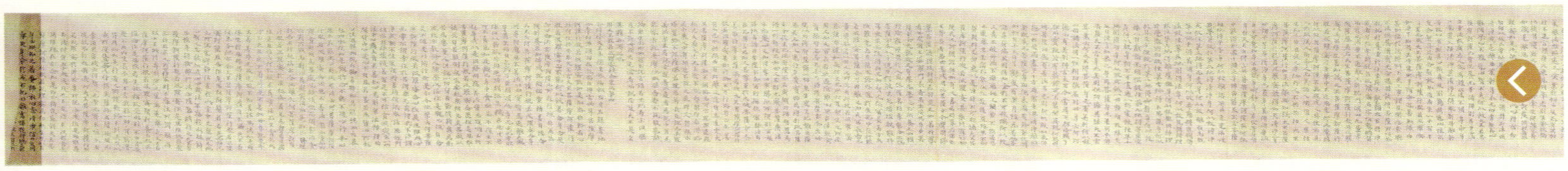

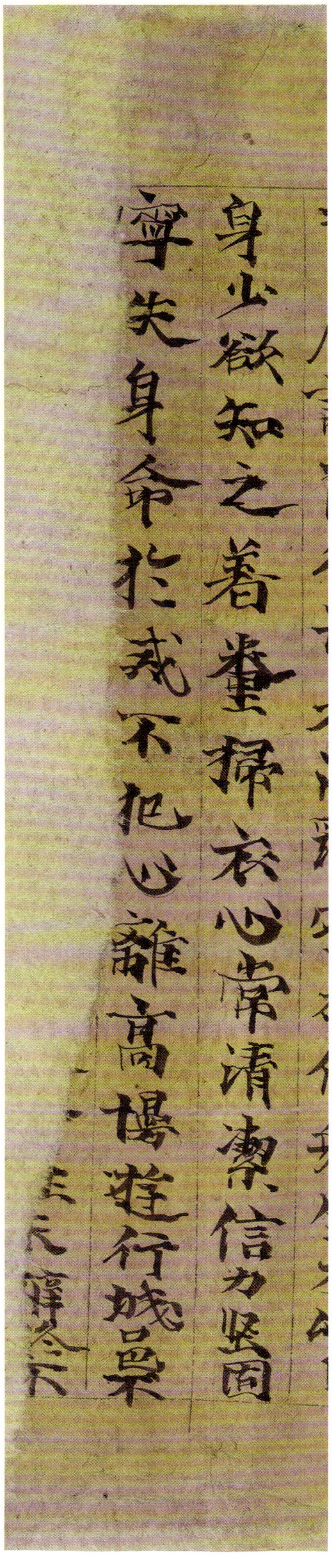

身少欲知足著糞掃衣心常清潔信力堅固
寧失身命於戒不犯心離高慢遊行城邑

BD00961-1 懺悔滅罪金光明經冥報傳

BD00961-2 金光明經卷一

（北凉）曇無讖 譯

751cm × 25.6cm

□□□□□驚怕步步偃□
挽之後人以棒打之居道日自討往悞誠難免
脫若為乞示余一計校且使免逢惡家之面□
王峻法當如之何使人語居道汝但能為□
眾生發心願造金光明經四卷當得免脫□
承教連聲耳唱願造金光明經四卷盡身供
養願惡家觧釋少時望見城門使人引向東
入曲向北見閻王廳前無數億人問辯答疑
着枷被鏁連相履械鞭撻狼藉哀聲痛響
不可聴使人即過状閻王唱名出見王曰此人
撚大罪過何為捉来遅晚令此猪等弄訴急
嘆訴者將来使人走出諸處叫嘆求覓所訴
命者不得走来報王諸處追猪等不見王

即更散遣人多頭巡問盡府局悉稱無主司
怙五道大神檢化形案少時有一主者挹狀
走來其狀云依檢其日得司善簿報世人張
居道為煞生故願造金光明經四卷依科其
其違煞並合乘此功德隨業化形簿至准法
處分者其張居道惡家許者以其日准司善
簿並判化從人道生於世界訖王既狀撫懷歡
喜曰居道雖煞衆生能設方計為其發願
修造功德令此債主便生人路既無執對備
詞不可懸信判放居道再歸生路當宜善
念多造功德斷味心煞勿復慳貪惜財不作
福果專為惡業於是出城如從夢歸居道
當說此由緣發心造經一百餘人斷害心煞
不可計數此經天下少本詢訪不獲躬歷
諸方遂於衛州禪寂寺檢得抄寫隨身供養

BD00961-1　懺悔滅罪金光明經冥報傳

不可計數此經天下少本詢訪不獲躬歷
諸方遂於衛州禅寂寺撿得抄寫隨身供養
居道及至當官之日合家大小悉斷宍味其
温州安固懸丞妻病經一年絶音不語獨自在
語口中唱痛叩頭死罪狀有所訴居道聞之
為其夫説如此之狀多是怨家債命文案未決
命故不絶自當思忖省悟已來由緣所開煞
害生命急為造金光明經分明懺唱此經側
近無本唯居道家有此經懸丞依遵其教
請本雇人抄寫未畢妻便醒悟説云状如
夢夢惛惛常有雞豬鵝鴨一日三迴覓來咬
嚙痛不可當從來應其到時遂乃見惟有
或豬或羊或牛或雞之類皆是人身來與
我列云雖是怨家違你居害以你為我發造
功德不久令我身亡六畜人今與怨家非敵不

相逐情諍訟即去但令不復如此疾即輕差
平復如本當此之時溫州一郡所養雞豬鵝鴨
皆用之徒咸悉放生家家斷害人普念不
立屠行及北州縣聞此並起淨行不必
一家當今所煞無所徵勸者斯是衆生業端
合死故故無報應只是盡人身還作畜生被他
屠煞害若衆生日限未足遣人煞者主被訟
注世人卒死及之羸病連年累月眼中唱痛狂
言或語並是衆生執注文案一定方如命斷
一切衆罪懺悔皆滅唯有煞生懺悔不除
為怨家專心訟對自非為其修造功德經像
或被人所遣或事計難禁煞事不已者當
慚愧為其傷嘆将刀所煞如割己害或衒賣
与人取其財價以為豐足一造一本分明懺
悔令此功德資及怨家早生人道考訟自休

BD00961-1　懺悔滅罪金光明經冥報傳

其人即[illegible]其見使以為[illegible]一遍一本[illegible]
唱令此功德資及怨家早生人道孝誠自休
不復執憂善男女等明當識之

金光明經傳

金光明經序品第一

如是我聞一時佛在王舍大城耆闍崛山是
時如來遊於无量甚深法性諸佛行處過
諸菩薩所行清淨是金光明諸經之王若有
聞者則能思惟无上微妙甚深之義 如是經
典常為四方四佛世尊之所護持東方阿閦
南方寶相西方无量壽北方微妙聲我今當
說懺悔等法所生功德為无有上能壞一切
諸苦盡不善業
一切種智 而為根本 无量功德 之所莊嚴
滅除諸苦 與无量樂 諸根不具 壽命減損

貧窮困苦　諸天捨離　親屬鬪訟　王法所加
各各忿諍　財物損耗　愁憂恐怖　惡星災異
衆邪蠱道　變怪相續　臥見惡夢　晝夜愁惱
當淨洗浴　聽是經典　至心清淨　著淨潔衣
專聽諸佛　甚深行處　是經威德　能悉滅除
如是諸惡　令其寂滅　護世四王　將諸官屬
并及无量　夜叉之衆　悉來擁護　持是經者
大辯天神　尼連河神　鬼子母神　地神堅牢
大梵尊天　三十三天　大神龍王　緊那羅王
迦樓羅王　阿脩羅王　與其眷屬　悉共至彼
擁護是人　晝夜不離
我今所說　諸佛世尊　甚深秘密　微妙行處
億百千劫　甚難得值　若得聞經　若為他說
若心隨喜　若設供養　如是之人　於无量劫
常為諸天　八部所敬　如

BD00961-1　懺悔滅罪金光明經冥報傳　　BD00961-2　金光明經卷一

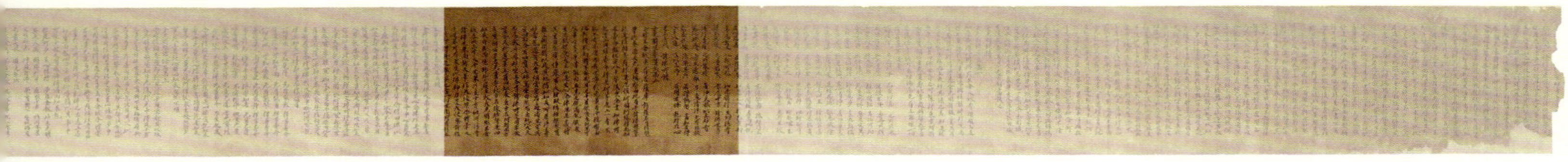

若心隨喜　若說信者　如[illegible]
常為諸天　八部所敬　如是脩行　生功德者
得不思議　无量福聚　亦為十方　諸佛世尊
深行菩薩　之所護持　著淨衣服　以上妙香
慈心供養　常不遠離　身意清淨　无有垢穢
歡喜悅豫　深樂是典　若得聽聞　當知善得
人身人道　及以正命　若聞懺悔　執持在心
是上善根　諸佛所讚
金光明經壽量品第二
尒時王舍城中有菩薩摩訶薩名曰信相
曾供養過去无量億那由他百千諸佛種諸善
根是信相菩薩作是思惟何因何緣釋迦如
來壽命短促方八十年復更念言如佛所
說有二因緣壽命得長何等為二一者不
殺二者不盜而我世尊於无量百千億那由

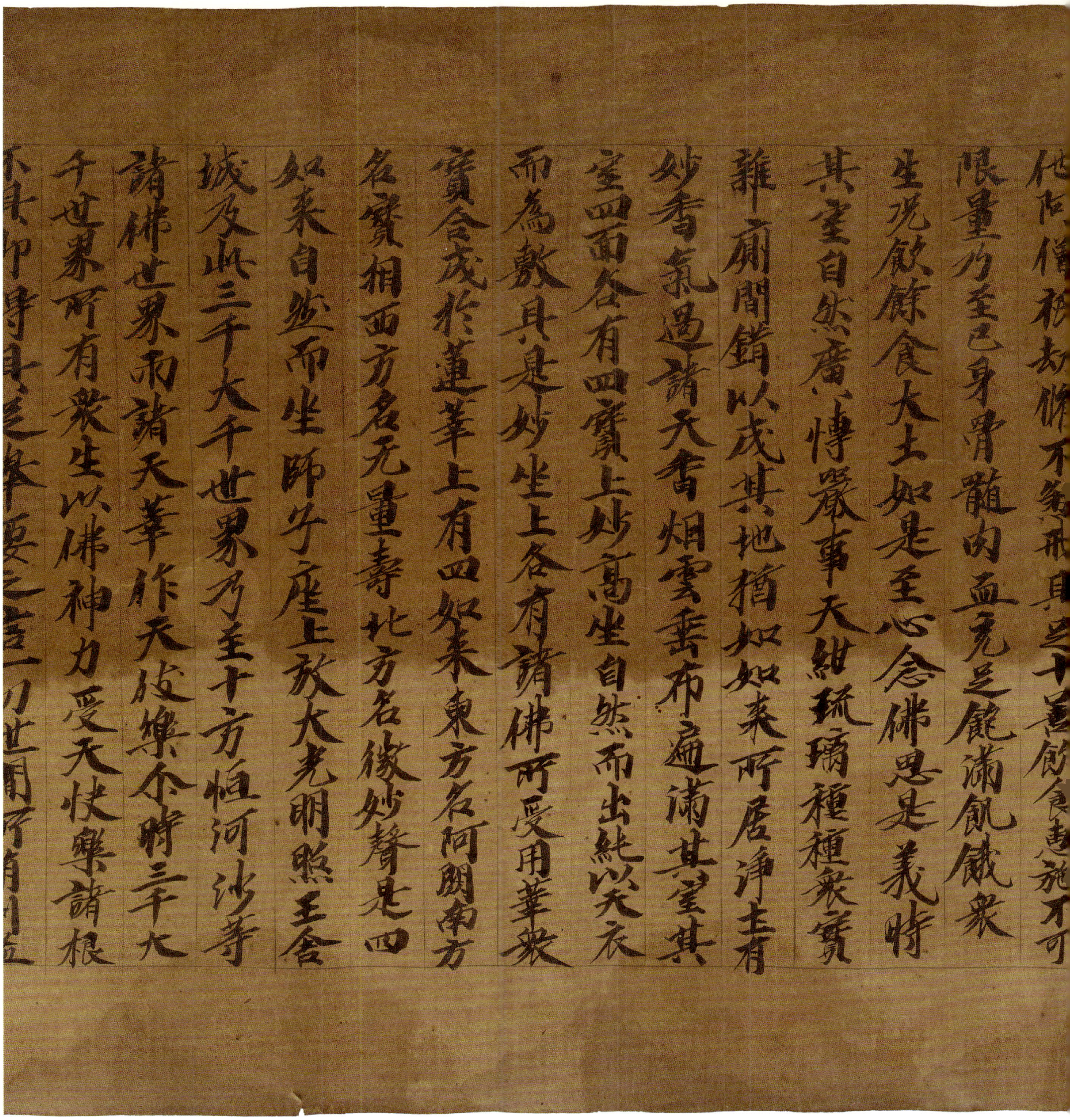

他阿僧祇劫修不殺戒具足十善飲食惠施不可
限量乃至己身骨髓肉血充足飽滿飢餓衆
生況餘飲食大士如是至心念佛思是義時
其室自然廣博嚴事天紺琉璃種種衆寶
雜廁間錯以成其地猶如如來所居淨土有
妙香氣過諸天香烟雲垂布遍滿其室其
室四面各有四寶上妙高坐自然而出純以天衣
而為敷具是妙坐上各有諸佛所受用華衆
寶合成於蓮華上有四如來東方名阿閦南方
名寶相西方名无量壽北方名微妙聲是四
如來自然而坐師子座上放大光明照王舍
城及此三千大千世界乃至十方恒河沙等
諸佛世界雨諸天華作天伎樂尒時三千大
千世界所有衆生以佛神力受天快樂諸根
不具即得具足舉要言之一切世間所有利益

BD00961-2　金光明經卷一

千世界所有衆生以佛神力受天快樂諸根
不具即得具足舉要之言一切世間所有利益
未曾有事悉具足出現
尒時信相菩薩見是諸佛及希有事歡喜
踊躍恭敬合掌向諸世尊至心念佛作是思
惟釋迦如来无量功德唯壽命中心生疑惑
云何如来壽命如是方八十年尒時四佛以
正遍知告信相菩薩善男子汝今不應思量
如来壽命短促何以故善男子我等不見
諸天世人魔衆梵衆沙門婆羅門人及非
人有能思筭如来壽量如是齊限唯除如来
時四如来將欲宣暢釋迦文佛所得壽命欲
色界天諸龍鬼神乾闥婆阿脩羅迦樓羅
緊那羅摩睺羅伽及无量百千億那由他菩
薩摩訶薩以佛神力悉来衆集信相菩薩

摩訶薩室尒時四佛於大衆中略以偈喻說
釋迦如来所得壽量而作頌曰
一切諸水　可知幾渧　无有能數　釋尊壽命
諸須弥山　可知斤兩　无有能量　釋尊壽命
一切大地　可知塵數　无有能筭　釋尊壽命
虛空界分　尚可盡邊　无有能計　釋尊壽命
不可計劫　億百千万　佛壽如是　无量无邊
以是因喻　故說二業　不害物命　施食无量
是故大士　壽不可計　无量无邊　亦无齊限
是故汝今　不應於佛　无量壽命　而生疑惑
尒時信相菩薩摩訶薩聞是四佛宣說如来
壽命无量深心信解歡喜踊躍說是如来
壽命品時无量无邊阿僧祇衆生發阿耨多
羅三藐三菩提心時四如来忽然不現
金光明經卷第一

[illegible]藐三菩提心時四如來忽然不現

金光明經懺悔品第三

尒時信相菩薩即於其夜夢見金鼓其狀殊
大其明普照喻如日光復於光中得見十方
无量无邊諸佛世尊衆寶樹下坐瑠璃座與
无量百千眷屬圍繞而為說法見有一人似
婆羅門以捊擊鼓出大音聲其聲演說懺悔
偈頌時信相菩薩從夢寤已至心憶念夢中
所聞懺悔偈頌過夜至旦出王舍城尒時亦
有无量无邊百千衆生與菩薩俱往耆闍崛
山至於佛所至佛所已頭礼佛足右遶三匝
却坐一面敬心合掌瞻仰尊顏以其夢中
所說金鼓及聞懺悔偈頌向如來說

昨夜所夢　至心憶持　夢見金鼓　妙色光曜
其光大盛　朗踰於日　通照十方　恒河世界

又因此光　得見諸佛　衆寶樹下　坐琉璃座
无量大衆　圍遶說法
見婆羅門　擊是金鼓　其鼓音中　說如是偈
是大金鼓　所出妙音　悉能滅除　三世諸苦
地獄餓鬼　畜生等苦　貧窮困厄　及諸有苦
是鼓所出　微妙之音　能除衆生　諸苦所逼
斷衆怖畏　令得无懼　猶如諸佛　得无所畏
諸佛聖人　所成功德　離於生死　到大智岸
如是衆生　所得功德　定及助道　猶如大海
是鼓所出　如是妙音　令衆生得　梵音深遠
證佛无上　菩提勝果　轉无上輪　微妙清淨
住壽无量　不思議劫　演說正法　利益衆生
能害煩惱　清除諸苦　貪瞋癡等　悉令殄滅
若有衆生　處在地獄　大火熾燃　燒炙其身
若聞金鼓　微妙音聲　所出言教　即尋禮佛

若有衆生 [illegible]
若聞金鼓 微妙音聲 所出言教 即尋礼佛
亦令衆生 得知宿命 百生千生 千万億生
令心正念 諸佛世尊 亦聞无上 微妙之言
是金鼓中 所出妙音 復令衆生 値遇諸佛
遠離一切 諸佛業等 善脩无量 白淨之業
諸天世人 及餘衆生 随其所思 諸所念求
如是金鼓 所出之音 皆悉能令 成就具足
若有衆生 随大地獄 猛火炎熾 焚燒其身
无有救護 流轉諸難 當令是等 悉滅諸苦
若有衆生 諸苦所切 三惡道報 及以人中
如是金鼓 所出之音 悉能除滅 一切諸苦
无依无歸 无有救護 我爲是等 作歸依處
是諸世尊 今當證知 久已於我 生大悲心
在在處處 十方諸佛 現在世雄 兩足之尊

我本所作　惡不善業　今者懺悔　十方佛前
不識諸佛　及父母恩　不解善法　造作衆惡
自恃種姓　及諸財寶　盛年放逸　作諸惡行
心念不善　口作惡業　隨心所作　不見其過
凡夫愚行　无知闇覆　親近惡友　煩惱亂心
五欲因緣　心生忿恚　不知猒足　故作衆惡
親近非聖　因生慳嫉　貧窮因緣　姦諂作惡
繫屬於他　常有怖畏　不得自在　而造諸惡
貪欲恚癡　擾動其心　渴愛所逼　造作衆惡
依因衣食　及以女色　諸結惱熱　造作衆惡
身口意惡　所集三業　如是衆罪　今悉懺悔
或不恭敬　佛法聖衆　如是諸罪　今悉懺悔
或不恭敬　緣覺菩薩　如是衆罪　今悉懺悔
以无知故　誹謗正法　不知恭敬　父母尊長
如是衆罪　今悉懺悔

以无知故　誹謗正法　不知孝敬　父母尊長
如是衆罪　今悉懺悔
愚惑所覆　憍慢放逸　因貪恚癡　造作衆惡
如是衆罪　今悉懺悔　我今供養　无量无邊
三千大千　世界諸佛　我當救濟　十方一切
无量衆生　所有諸苦　我當安止　不可思議
阿僧祇劫　令住十地　已得安心　住十地者
悉令具足　如来正覺　為一衆生　億劫脩行
使无量衆　令度苦海　我當為是　諸衆生等
演說微妙　甚深悔法　所為金光　滅除諸惡
千劫所作　極重惡業　若能至心　一懺悔者
如是衆罪　悉皆滅盡　我今已說　懺悔之法
是金光明　清淨微妙　速能滅除　一切業鄣
我當安止　住於十地　十種珎寶　以為脚足
我佛光上　照悉光明　令諸衆生　度三有海

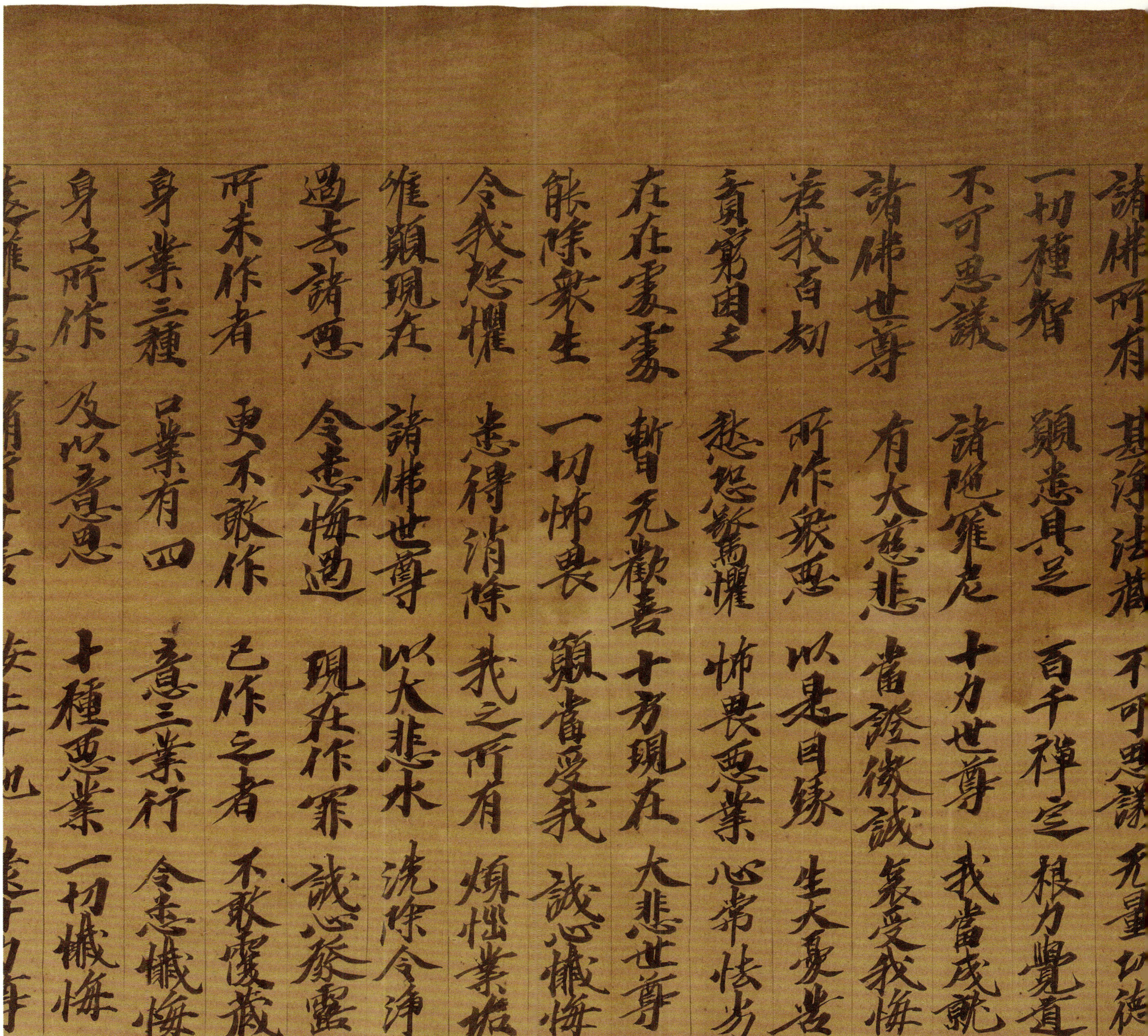

諸佛所有　甚深法藏　不可思議　无量功德
一切種智　願悉具足　百千禪定　根力覺道
不可思議　諸陁羅尼　十力世尊　我當成就
諸佛世尊　有大慈悲　當證微誠　哀受我悔
若我百劫　所作衆惡　以是因緣　生大憂苦
貧窮困乏　愁怖驚懼　怖畏惡業　心常怯劣
在在處處　暫无歡喜　十方現在　大悲世尊
能除衆生　一切怖畏　願當受我　誠心懺悔
令我恐懼　悉得消除　我之所有　煩惱業垢
唯願現在　諸佛世尊　以大悲水　洗除令淨
過去諸惡　今悉懺悔　現在作罪　誠心發露
所未作者　更不敢作　已作之者　不敢覆藏
身業三種　口業有四　意三業行　今悉懺悔
身口所作　及以意思　十種惡業　一切懺悔
遠離十惡　修行十善　安止十地　常見十尊

BD00961-2　金光明經卷一

身口所作 及以意惡 十種惡業 一切懺悔
遠離十惡 脩行十善 安止十地 逮十力尊
所造惡業 應受惡報 今於佛前 誠心懺悔
若此國土 及餘世界 所有善法 悉以迴向
我所脩行 身口意善 願於來世 證无上道
若在諸有 六趣嶮難 愚癡无智 造作諸惡
今於佛前 皆悉懺悔 世間所有 生死嶮難
種種嬈欲 愚煩惱難 如是諸難 我今懺悔
心輕躁難 近惡友難 三有嶮難 及三毒難
遇无難難 值好時難 脩功德難 值佛亦難
如是諸難 今悉懺悔
諸佛世尊 我所依止 是故我今 敬礼佛海
金色晃曜 猶如須弥 是故我今 頂礼最勝
其色无上 猶如真金 眼目清淨 如紺琉璃
功德威神 名稱顯著 佛日大悲 滅一切門

善淨无垢 稱諸羅覆 无上佛日 大光普照
煩惱火熾 令心燋熱 唯佛能除 得清涼
三十二相 八十種好 莊嚴其身 視之无猒
功德巍巍 明網顯曜 安住三界 如日照世
猶如琉璃 淨无瑕穢 妙色廣大 種種各異
其色紅赤 如日初出 頗梨白銀 校飾光網
如是種種 莊嚴佛日 三有之中 生死大河
濁水波蕩 惱亂我心 其味苦毒 最為麁澀
如來網明 能令枯涸 妙身端嚴 相好殊特
金色光明 遍照一切 智慧大海 弥滿三界
是故我今 稽首敬禮 如大海水 其量難知
大地微塵 不可稱計 諸須弥山 難可度量
虛空邊際 亦不可得 諸佛亦尓 功德无量
一切有心 无能知者 於无量劫 懃心思惟
不能得知 佛功德邊 大地諸山 尚可知量

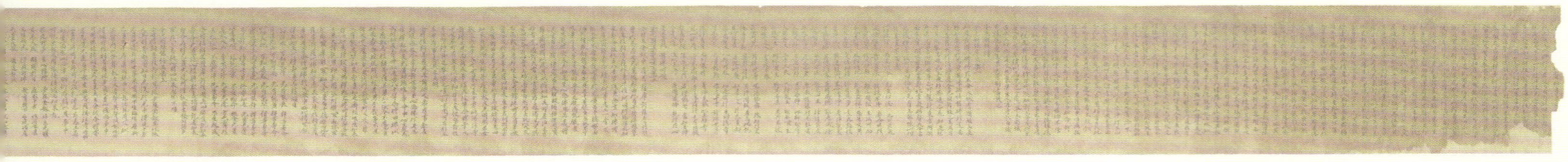

一切有心　无能知者　於无量劫　盡心思惟
不能得知　佛功德邊　大地諸山　尚可知量
毛渧海水　亦可知數　諸佛功德　无能知者
相好莊嚴　名稱讚嘆　如是功德　令衆皆得
我以善業　諸因緣故　來世不久　成於佛道
講宣妙法　利益衆生　度脫一切　无量諸苦
摧伏諸魔　及其眷屬　轉於无上　清淨法輪
住壽无量　不思議劫　充足衆生　甘露法味
我當具足　六波羅蜜　猶如過佛　之所成就
斷諸煩惱　除一切苦　悉滅貪欲　及恚癡等
我當憶念　宿命之事　百生千生　百千億生
常當至心　正念諸佛　聞說微妙　无上正法
我因善業　常值諸佛　遠離諸惡　脩諸善業
一切世界　所有衆生　无量苦惱　我當悉滅
若有衆生　諸根毀壞　不具足者　悉令具足

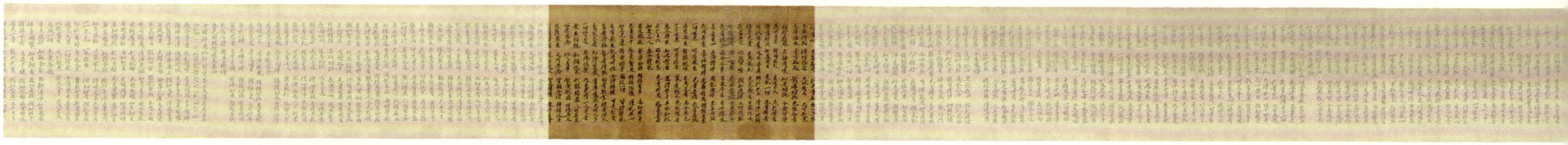

十方世界　所有疾苦　羸瘦損乏　无救護者
悉令解脫　如是諸苦　還得勢力　平服如故
若犯王法　臨當刑戮　无量怖畏　愁憂苦惱
如是之人　悉令解脫
若受鞭撻　繫縛枷鎖　種種苦事　逼切其身
无量百千　愁憂驚畏　種種恐懼　擾亂其心
如是无邊　諸苦惱等　願使一切　皆得解脫
若有衆生　飢渴所惱　令得種種　甘美飲食
盲者得視　聾者得聽　啞者能言　裸者得衣
貧窮之者　即得寶藏　倉庫盈溢　无所乏少
一切皆受　安隱快樂　乃至无有　一人受苦
衆生相視　和顏悅色　形貌端嚴　人所喜見
心常思念　他人善事　飲食飽滿　功德具足
隨諸衆生　之所思念　皆願令得　種種伎樂
箜篌箏笛　琴瑟鼓吹　如是種種　微妙之聲

BD00961-2　金光明經卷一

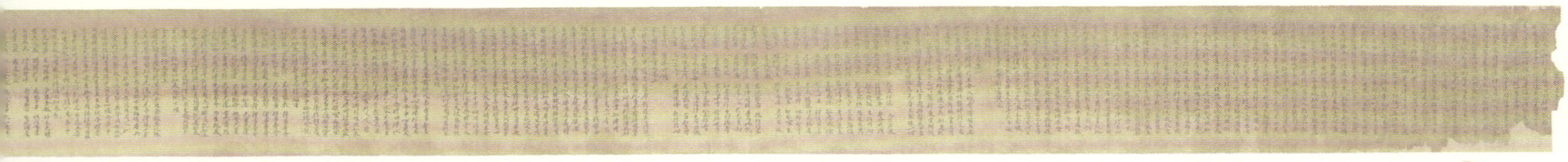

隨諸衆生 之所思念 即得種種 伎樂
箜篌箏笛 琴瑟鼓吹 如是種種 微妙音聲
江河池沼 流泉諸水 金華遍布 及憂鉢羅
隨諸衆生 之所思念 即得種種 衣服飲食
錢財珍寶 金銀琉璃 真珠璧玉 雜廁瓔珞
願諸衆生 不聞惡聲 乃至无有 可惡見者
願諸衆生 色貌微妙 各各相於 共相愛念
世間所有 資生之具 隨其所念 悉令具足
願諸衆生 諸有求索 如其所須 應念即得
香華諸珍 常於三時 雨細末香 及塗身香
衆生受者 歡喜快樂 願諸衆生 常得供養
不可思議 十方諸佛 无上妙法 清淨无垢
及諸菩薩 聲聞大衆 願諸衆生 常得遠離
三惡八難 值无難處 親覲諸佛 无上之王
願諸衆生 常生尊貴 多饒財寶 安隱豐樂

上妙色像　莊嚴其身　功德成就　有大名稱
願諸女人　皆成男子　具足智慧　精進不懈
一切皆行　菩薩之道　懃心脩集　六波羅蜜
常見十方　无量諸佛　坐寶樹下　琉璃座上
安住禪定　自在快樂　演說正法　衆所樂聞
若我現在　及過去世　所作惡業　諸有煩難
應得惡果　不適意者　願悉盡滅　令无有餘
若諸衆生　三有繫縛　生死羅網　弥縈牢固
願以智力　割斷破壞　除諸苦惱　早成菩提
若此閻浮　及餘他方　无量世界　所有衆生
所作種種　善妙功德　我念深心　隨其歡喜
我念以此　隨喜功德　及身口意　所作善業
願於來世　成无上道　得淨无垢　吉祥果報
若有敬礼　讚歎十方　信心清淨　无諸疑罔
能作如是　所說懺悔　[illegible]

若有敬礼 讚歎十方 信心清淨 无諸疑惑
能作如是 所說懺悔 便得越度 六十劫罪
諸善男子 及善女人 諸王剎利 婆羅門等
若有恭敬 合掌向佛 稱讚如來 并讚此偈
在在處處 常識宿命
諸根具足 清淨端嚴 種種功德 悉皆成就
在在處處 常為國王 輔相大臣 之所供養
非於一佛 五佛十佛 種諸功德 聞是懺悔
若於无量 百千万億 諸佛如來 種諸善根
然後乃得 聞是懺悔

金光明經讚歎品第四

尒時佛告地神堅牢善女天過去有王名
金龍尊常以讚歎讚歎去來現在諸佛
我今尊重 敬礼讚嘆 去來現在 十方諸佛
諸佛清淨 微妙寂滅 色中上色 金光照耀

於諸聲中　佛聲最上　猶如大梵　深遠雷音
其髮紺黑　光踰炎起　蜂翠孔雀　色不得喻
其齒鮮白　猶如珂雪　顯發金顏　亦齊亦明
其目脩廣　清淨无垢　如青蓮華　映水開敷
舌相廣長　形色紅暉　光明照曜　如華初生
眉間毫相　白如軻月　右旋潤澤　如淨琉璃
眉細脩揚　形如月初　其色黑曜　過於蜂王
鼻高圓直　如鑄金鋌　微妙柔濡　當于面門
如來勝相　次第最上　得味真正　无與等者
一一毛孔　一毛旋生　濡細紺青　猶孔雀項
即於生時　身放大光　普照十方　無量國土
滅盡三界　一切諸苦　令諸衆生　悉受快樂
地獄畜生　及以餓鬼　諸天人等　安隱无患
悉滅一切　无量惡趣
身色微妙　如融金聚　面貌清淨　如月盛滿

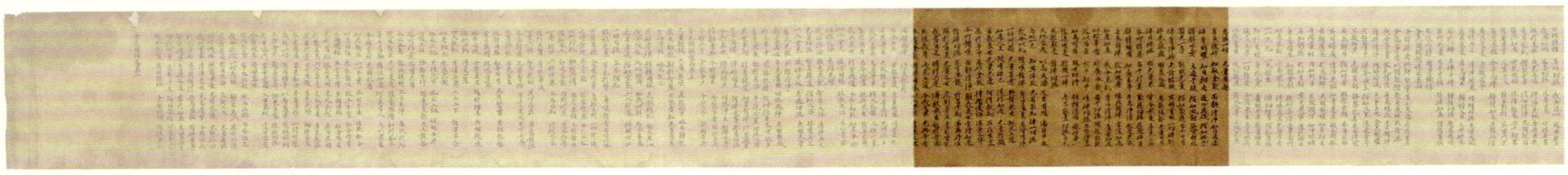

悉滅一切　无量惡趣
身色微妙　如融金聚　面貌清淨　如月盛滿
佛身明曜　如日初出　進止威儀　猶如師子
脩臂下垂　立過于膝　猶如風動　娑羅樹枝
圓光一尋　能照无量　猶如衆集　百千日月
佛身淨妙　无諸垢穢　其明普照　一切佛刹
佛光巍巍　明炎火盛　悉能隱蔽　无量日月
佛日燈炬　照无量界　咸令衆生　尋光見佛
本所脩集　百千行業　聚集功德　莊嚴佛身
髀臏纖圓　如象王鼻　手足淨滿　敬受无厭
去來諸佛　數如微塵　現在諸佛　亦復如是
如是如來　我今悉禮　身口清淨　意亦如是
以好華香　供養奉獻　百千功德　讚詠歌歎
設以百舌　於千劫中　嘆佛功德　不能得盡
以來所有　見世功身　種種果因　微妙第一

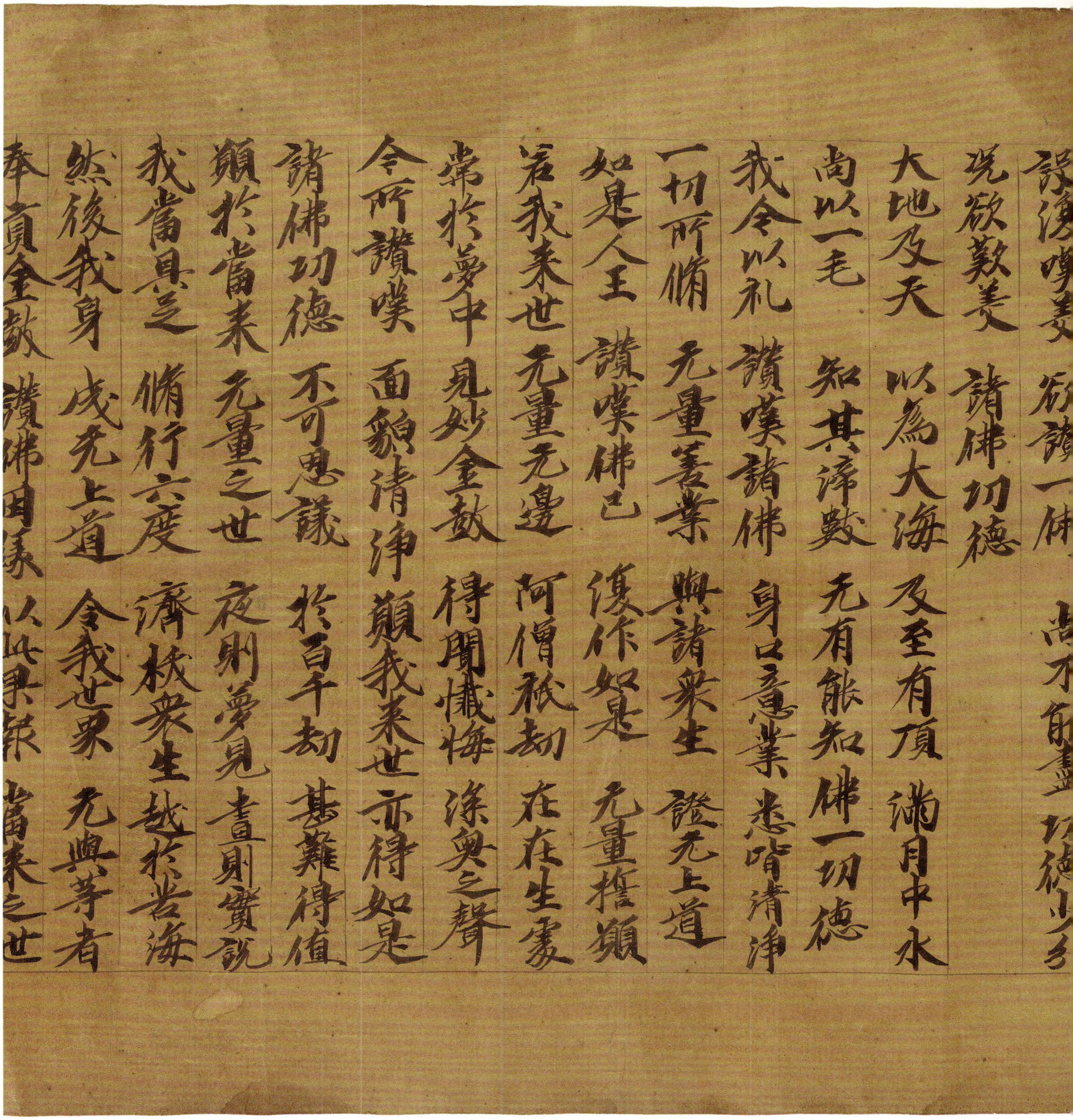

說復嘆美　欲讚一佛　尚不能盡　功德少分
况欲歎美　諸佛功德
大地及天　以為大海　及至有頂　滿月中水
尚以一毛　知其渧數　无有能知　佛一功德
我今以礼　讚嘆諸佛　身口意業　悉皆清淨
一切所脩　无量善業　與諸衆生　證无上道
如是人王　讚嘆佛已　復作如是　无量誓願
若我來世　无量无邊　阿僧祇劫　在在生處
常於夢中　見妙金鼓　得聞懺悔　深奧之聲
今所讚嘆　面貌清淨　願我來世　亦得如是
諸佛功德　不可思議　於百千劫　甚難得值
願於當來　无量之世　夜則夢見　晝則實說
我當具足　脩行六度　濟拔衆生　越於苦海
然後我身　成无上道　令我世界　无與等者
奉貢金鼓　讚佛因緣　以此果報　當來之世

BD00961-2　金光明經卷一

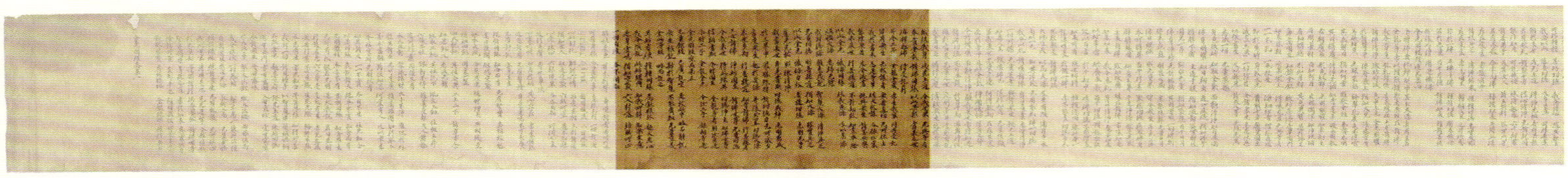

然後我身　成无上道　令我世界　无與等者
奉貢金鼓　讚佛因緣　以此果報　當來之世
值釋迦佛　得受記莂
并令二子　金龍金藏　常生我家　同共受記
若有衆生　无救護者　衆苦逼切　无所依止
我於當來　為是等輩　作大救護　及依止處
能除衆苦　悉令滅盡　施與衆生　諸善安樂
我未來世　行菩提道　不計劫數　如盡本際
以此金光　懺悔因緣　使我惡海　及以業海
煩惱大海　悉竭无餘
我功德海　願悉成就　智慧大海　清淨具足
无量功德　助菩提道　猶如大海　珎寶具足
以此金光　懺悔力故　菩提功德　光明无㝵
慧光无垢　照徹清淨
我當來世　身光普照　功德威神　光明熾盛

於三界中　最勝殊特　諸功德力　无所減少
當度衆生　越於苦海　并復安置　功德大海
来世多劫　行菩提道　如昔諸佛　行菩提者
三世諸佛　淨妙國土　諸佛世尊　无量功德
令我来世　得此殊異　功德淨土　如佛世尊
信相當知　尒時國王　金龍尊者　則汝身是
尒時二子　金龍金光　今汝二子　銀相等是

金光明經空品第五

无量餘經　已廣說空　是故此中　略而解說
衆生根鈍　尠於智慧　不能廣知　无量空義
金此尊經　略而說之
異妙方便　種種因緣　為鈍根故　起大悲心
我今演說　此妙經典　如我所解　知衆生意
是身虛偽　猶如空聚　六入村落　結賊所止
一切自住　各不相知

我今演說 [illegible]
是身虛偽 猶如空聚 六入村落 結賊所止
一切自住 各不相知
眼根受色 耳分別聲 鼻嗅諸香 舌嗜於味
所有身根 貪愛於觸 意根分別 一切諸法
六情諸根 各各自緣 諸塵境界 不行他緣
心如幻化 馳騁六情 而常妄相 分別諸法
猶如世人 馳走空聚 六賊所止 愚不知避
心常依止 六根境界 各各自知 所伺之處
隨行色聲 香味觸法
心處六情 如鳥投網 其心在在 常處諸根
隨逐諸塵 无有暫捨 身空虛偽 不可長養
无有諍訟 亦无正主
從諸因緣 和合而有 无有堅實 妄相故起
業力機關 假偽空聚

地水火風　合集成立　隨時增減　共相殘害
猶如四虵　同處一篋　四大蚖虵　其性各異　二上二下　諸方亦尒
如是虵大　悉滅无餘　地水二虵　其性沉下　風火二虵　性輕上昇
心識二性　躁動不停　隨業受報　天人諸趣　隨所作業　而墮三有
水火風動　散滅壞時　大小不淨　盈流於外　體生諸虫　无可愛樂
損棄塚間　如朽敗木　善女當觀　諸法如是　何處有人　及以衆生
本性空寂　无明故有　如是諸大　一一不實　本自不生　性无和合
以是因緣　我說諸大　從本不實　和合而有　无明體性　本亦不有
妄相因緣　和合而生　无所有故　假名无明　是故我說　名曰无明

无明體性　本亦不有　妄相因緣　和合而生
无所有故　假名无明　是故我說　名曰无明
行識名色　六入觸受　愛取有生　老死憂悩
衆苦行業　不可思議　生死无際　輪轉不息
本无有生　亦无和合　不善思惟　心行所造
我斷一切　諸見纏等　以智慧力　裂煩惱網
五陰舍宅　觀悉空寂　證无上道　微妙功德
開甘露門　示甘露器　入甘露城　處甘露室
令諸衆生　食甘露味
吹大法蠡　擊大法鼓　燃大法燈　雨勝法雨
我今摧伏　一切怨結　竪立第一　微妙法幢
度諸衆生　於生死海　永斷三惡　无量苦惱
煩惱熾燃　燒諸衆生　无有救護　无所依止
我以甘露　清涼美味　充足是輩　令離燋熱
於无量劫　尊重脩諸行　供養恭敬　諸佛世尊

堅牢脩身　菩提之道　求於如來　真實法身
捨諸所重　支節手足　頭目髓惱　所愛妻子
錢財珎寶　真珠瓔珞　金銀琉璃　種種異物

金光明經卷第一

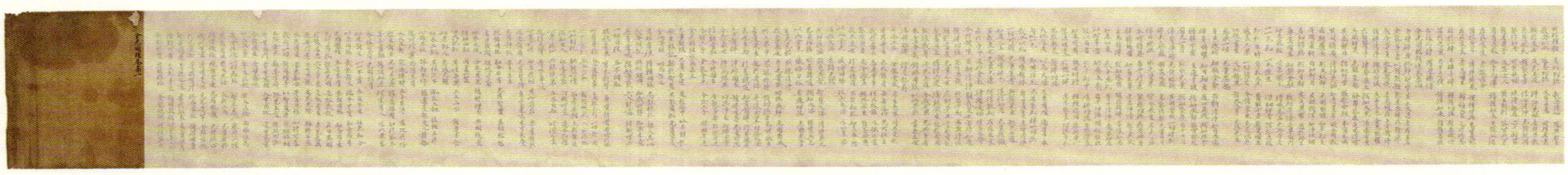

金光明經卷第一

BD00963 金剛般若波羅蜜經

（後秦）鳩摩羅什 譯

377.1cm × 26.6cm

身是名大身
須菩提如恒河中所有沙數如是沙等恒河
於意云何是諸恒河沙寧為多不須菩提言
甚多世尊但諸恒河尚多无數何况其沙須
菩提我今實言告汝若有善男子善女人以
七寶滿尒所恒河沙數三千大千世界以用
布施得福多不須菩提言甚多世尊佛告須
菩提若有善男子善女人於此經中乃至受
持四句偈等為他人說而此福德勝前福德
復次須菩提隨說是經乃至四句偈等當知
此處一切世間天人阿脩羅皆應供養如佛
塔廟何况有人盡能受持讀誦須菩提當知
是人成就最上第一希有之法若是經典所
在之處則為有佛若尊重弟子

尒時須菩提白佛言世尊當何名此經我等
云何奉持佛告須菩提是經名為金剛般若
波羅蜜以是名字汝當奉持所以者何須菩
提佛說般若波羅蜜則非般若波羅蜜須菩
提於意云何如來有所說法不須菩提白佛
言世尊如來无所說須菩提於意云何三千
大千世界所有微塵是為多不須菩提言甚
多世尊須菩提諸微塵如來說非微塵是名
微塵如來說世界非世界是名世界須菩提
於意云何可以三十二相見如來不不也世
尊何以故如來說三十二相即是非相是名
三十二相須菩提若有善男子善女人以恒
河沙等身命布施若復有人於此經中乃至
受持四句偈等為他人說其福甚多
尒時須菩提聞說是經深解義趣涕淚悲泣

BD00963　金剛般若波羅蜜經

受持四句偈等為他人説其福甚多
尒時須菩提聞説是經深解義趣涕淚悲泣
而白佛言希有世尊佛説如是甚深經典我
從昔來所得慧眼未曾得聞如是之經世尊
若復有人得聞是經信心清淨則生實相當
知是人成就第一希有功德世尊是實相者
則是非相是故如來説名實相世尊我今得
聞如是經典信解受持不足為難若當來世
後五百歲其有衆生得聞是經信解受持是
人則為第一希有何以故此人无我相人相
衆生相壽者相所以者何我相即是非相人
相衆生相壽者相即是非相何以故離一切
諸相則名諸佛
佛告須菩提如是如是若復有人得聞是經不
驚不怖不畏當知是人甚為希有何以故

須菩提如來說第一波羅蜜非第一波羅蜜
是名第一波羅蜜
須菩提忍辱波羅蜜如來說非忍辱波羅蜜
何以故須菩提如我昔為歌利王割截身體
我於尒時无我相无人相无衆生相无壽者
相何以故我於往昔節節支解時若有我相
人相衆生相壽者相應生瞋恨須菩提又念
過去於五百世作忍辱仙人於尒所世无我
相无人相无衆生相无壽者相是故須菩提
菩薩應離一切相發阿耨多羅三藐三菩提
心不應住色生心不應住聲香味觸法生心
應生无所住心若心有住則為非住是故佛
說菩薩心不應住色布施須菩提菩薩為利
益一切衆生應如是布施如來說一切諸相
即是非相又說一切衆生則非衆生須菩提

BD00963　金剛般若波羅蜜經

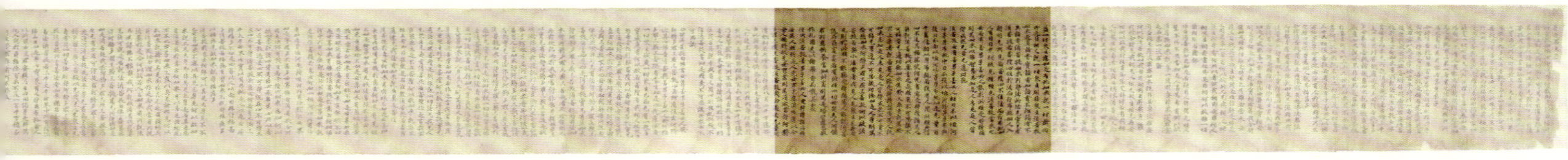

益一切衆生應如是布施如來說一切諸相
即是非相又說一切衆生則非衆生須菩提
如來是真語者實語者如語者不誑語者不
異語者須菩提如來所得法此法无實无虛
須菩提若菩薩心住於法而行布施如人入
闇則无所見若菩薩心不住法而行布施如
人有目日光明照見種種色須菩提當來之
世若有善男子善女人能於此經受持讀誦
則為如來以佛智慧悉知是人悉見是人皆
得成就无量无邊功德
須菩提若有善男子善女人初日分以恒河
沙等身布施中日分復以恒河沙等身布施
後日分亦以恒河沙等身布施如是无量百
千萬億劫以身布施若復有人聞此經典信
心不逆其福勝彼何況書寫受持讀誦為人

解說須菩提以要言之是經有不可思議不
可稱量无邊功德如來為發大乘者說為發
最上乘者說若有人能受持讀誦廣為人說
如來悉知是人悉見是人皆得成就不可量不
可稱无有邊不可思議功德如是人等則為
荷擔如來阿耨多羅三藐三菩提何以故須
菩提若樂小法者著我見人見眾生見壽者
見則於此經不能聽受讀誦為人解說須菩
提在在處處若有此經一切世間天人阿脩
羅所應供養當知此處則為是塔皆應恭敬
作礼圍遶以諸華香而散其處
復次須菩提善男子善女人受持讀誦此經
若為人輕賤是人先世罪業應墮惡道以今
世人輕賤故先世罪業則為消滅當得阿耨
多羅三藐三菩提須菩提我念過去无量阿

BD00963　金剛般若波羅蜜經

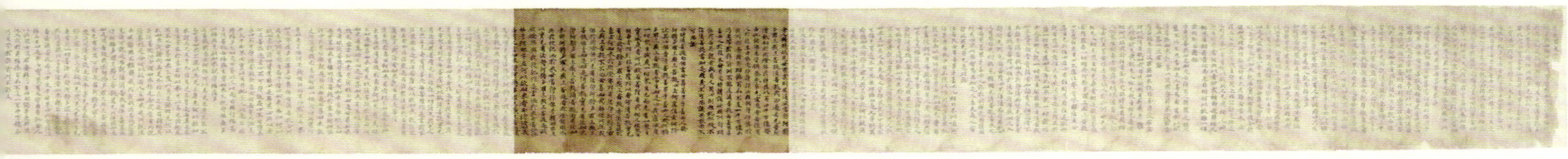

世人輕賤故先世罪業則爲消滅當得阿耨
多羅三藐三菩提須菩提我念過去无量阿
僧祇劫於然燈佛前得值八百四千万億那
由他諸佛悉皆供養承事无空過者若復有
人於後末世能受持讀誦此經所得功德於
我所供養諸佛功德百分不及一千万億分
乃至筭數譬喻所不能及須菩提若善男子
善女人於後末世有受持讀誦此經所得功
德我若具說者或有人聞心則狂亂狐疑不
信須菩提當知是經義不可思議果報亦不
可思議

尒時須菩提白佛言世尊善男子善女人發
阿耨多羅三藐三菩提心云何應住云何降
伏其心佛告須菩提善男子善女人發阿耨
多羅三藐三菩提者當生如是心我應滅度

一切衆生滅度一切衆生已而无有一衆生
實滅度者何以故若菩薩有我相人相衆生
相壽者相則非菩薩所以者何須菩提實无
有法發阿耨多羅三藐三菩提者須菩提於
意云何如来於然燈佛所有法得阿耨多羅
三藐三菩提不不也世尊如我解佛所説義
佛於然燈佛所无有法得阿耨多羅三藐三
菩提佛言如是如是須菩提實无有法如来
得阿耨多羅三藐三菩提須菩提若有法如
来得阿耨多羅三藐三菩提者然燈佛則不
與我授記汝於来世當得作佛号釋迦牟尼
以實无有法得阿耨多羅三藐三菩提是故
然燈佛與我授記作是言汝於来世當得作
佛号釋迦牟尼何以故如来者即諸法如義
若有人言如来得阿耨多羅三藐三菩提須

佛號釋迦牟尼何以故如來者即諸法如義
若有人言如來得阿耨多羅三藐三菩提須
菩提實无有法佛得阿耨多羅三藐三菩提
須菩提如來所得阿耨多羅三藐三菩提於
是中无實无虛是故如來說一切法皆是佛
法須菩提所言一切法者即非一切法是故
名一切法須菩提譬如人身長大須菩提白佛
言世尊如來說人身長大則為非大身是名大
身須菩提菩薩亦如是若作是言我當滅度
无量衆生則不名菩薩何以故須菩提實无
有法名為菩薩是故佛說一切法无我无人
无衆生无壽者須菩提若菩薩作是言我當
莊嚴佛土是不名菩薩何以故如來說莊嚴
佛土者即非莊嚴是名莊嚴須菩提若菩薩
通達无我法者如來說名真是菩薩

須菩提於意云何如來有肉眼不如是世尊如
來有肉眼須菩提於意云何如來有天眼
不如是世尊如來有天眼須菩提於意云何
如來有慧眼不如是世尊如來有慧眼須菩
提於意云何如來有法眼不如是世尊如來
有法眼須菩提於意云何如來有佛眼不如
是世尊如來有佛眼須菩提於意云何如恒
河中所有沙佛說是沙不如是世尊如來說
是沙須菩提於意云何如一恒河中所有沙
有如是等恒河是諸恒河所有沙數佛世界
如是寧為多不甚多世尊佛告須菩提尒所
國土中所有衆生若干種心如來悉知何以
故如來說諸心皆為非心是名為心所以者
何須菩提過去心不可得現在心不可得未

BD00963　金剛般若波羅蜜經

何須菩提過去心不可得現在心不可得未
来心不可得須菩提於意云何若有人滿三
千大千世界七寶以用布施是人以是因緣
得福多不如是世尊此人以是因緣得福甚
多須菩提若福德有實如来不說得福德多
以福德无故如来說得福德多
須菩提於意云何佛可以具足色身見不不
也世尊如来不應以具足色身見何以故如
来說具足色身即非具足色身是名具足色
身須菩提於意云何如来可以具足諸相見
不不也世尊如来不應以具足諸相見何以
故如来說諸相具足即非具足是名諸相具
足須菩提汝勿謂如来作是念我當有所說
法莫作是念何以故若人言如来有所說法
即為謗佛不能解我所說故須菩提說法者

无法可說是名說法須菩提白佛言世尊佛
得阿耨多羅三藐三菩提為无所得耶如是
如是須菩提我於阿耨多羅三藐三菩提乃
至无有少法可得是名阿耨多羅三藐三菩
提復次須菩提是法平等无有高下是名阿
耨多羅三藐三菩提以无我无人无衆生无
壽者修一切善法則得阿耨多羅三藐三菩
提須菩提所言善法者如來說非善法是名
善法須菩提若三千大千世界中所有諸須
弥山王如是等七寶聚有人持用布施若人
以此般若波羅蜜經乃至四句偈等受持為
他人說於前福德百分不及一百千万億分
乃至筭數譬喻所不能及
須菩提於意云何汝等勿謂如來作是念我
當度衆生須菩提莫作是念何以故實无

須菩提於意云何汝等勿謂如来作是念我
當度衆生須菩提莫作是念何以故實无
有衆生如来度者若有衆生如来度者如来則
有我人衆生壽者須菩提如来說有我者則
非有我而凡夫之人以為有我須菩提凡夫
者如来說則非凡夫須菩提於意云何可以
三十二相觀如来不須菩提言如是如是以
三十二相觀如来佛言須菩提若以三十二
相觀如来者轉輪聖王則是如来須菩提白
佛言世尊如我解佛所說義不應以三十二
相觀如来尒時世尊而說偈言
若以色見我　以音聲求我　是人行邪道　不能見如来
須菩提汝若作是念如来不以具足相故得
阿耨多羅三藐三菩提須菩提莫作是念如
来不以具足相故得阿耨多羅三藐三菩提

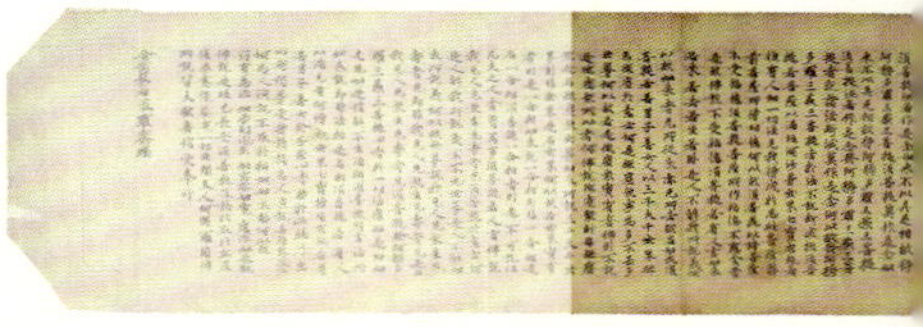

須菩提汝若作是念發阿耨多羅三藐三菩
提者說諸法斷滅莫作是念何以故發阿耨
多羅三藐三菩提者於法不說斷滅相須菩
提若菩薩以滿恒河沙等世界七寶布施若
復有人知一切法无我得成於忍此菩薩勝
前菩薩所得功德何以故須菩提以諸菩薩
不受福德須菩提菩薩所作福德不應貪著
是故佛說不受福德須菩提若有人言如來
若來若去若坐若卧是人不解我所說義何
以故如來者无所從來亦无所去故名如來須
菩提若善男子善女人以三千大千世界碎
為微塵於意云何是微塵衆寧為多不甚多
世尊何以故若是微塵衆實有者佛則不說
是微塵衆所以者何佛說微塵衆則非微塵

是微塵衆所以者何佛說微塵衆則非微塵
衆是名微塵衆世尊如来所說三千大千世
界則非世界是名世界何以故若世界實有
者則是一合相如来說一合相則非一合相是
名一合相須菩提一合相者則是不可說但
凡夫之人貪著其事須菩提若人言佛說
我見人見衆生見壽者見須菩提於意云何
是人解我所說義不不也世尊是人不解如
来所說義何以故世尊說我見人見衆生見
壽者見即非我見人見衆生見壽者見是名
我見人見衆生見壽者見須菩提發阿耨多
羅三藐三菩提心者於一切法應如是知如
是見如是信解不生法相須菩提所言法相
如来說即非法相是名法相須菩提若有人
以滿无量阿僧祇世界七寶持用布施若有
善男子善女發菩薩心者持於此經乃至

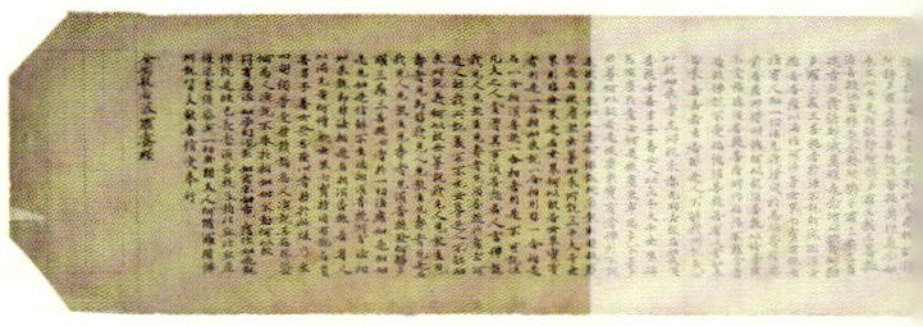

四句偈等受持讀誦為人演說其福勝彼云
何為人演說不取於相如如不動何以故
一切有為法 如夢幻泡影 如露亦如電 應作如是觀
佛說是經已長老須菩提及諸比丘比丘尼
優婆塞優婆夷一切世間天人阿脩羅聞佛
所說皆大歡喜信受奉行

金剛般若波羅蜜經

BD00963　金剛般若波羅蜜經

BD00964 妙法蓮華經卷二

（後秦）鳩摩羅什 譯

976.9cm × 25.4cm

聞滿十方　廣饒益衆生
常於日夜　每思惟是事
失　我常見世尊　稱讚諸菩薩
籌量如是事　今聞佛音聲　隨宜而說法
難思議　令衆至道場　我本著邪見　為諸梵志師
尊知我心　拔邪說涅槃　我悉除邪見　於空法得證
尒時心自謂　得至於滅度　而今乃自覺　非是實滅度
若得作佛時　具三十二相　天人夜叉衆　龍神等恭敬
是時乃可謂　永盡滅無餘
佛於大衆中　說我當作佛　聞如是法音　疑悔悉已除
初聞佛所說　心中大驚疑　将非魔作佛　惱亂我心耶
佛以種種緣　譬喻巧言說　其心安如海　我聞疑網斷

佛說過去世 无量滅度佛 安住方便中 亦皆說是法
現在未來佛 其數无有量 亦以諸方便 演說如是法
如今者世尊 從生及出家 得道轉法輪 亦以方便說
世尊說實道 波旬无此事 以是我定知 非是魔作佛
我墮疑網故 謂是魔所為 聞佛柔濡音 深遠甚微妙
演暢清淨法 我心大歡喜 疑悔永已盡 安住實智中
我定當作佛 為天人所敬 轉无上法輪 教化諸菩薩
尒時佛告舍利弗 吾今於天人沙門婆羅門
等大眾中說 我昔曾於二万億佛所為无上
道故常教化汝 汝亦長夜隨我受學 我以方
便引導汝故 生我法中 舍利弗 我昔教汝志
願佛道 汝今悉忘 而便自謂已得滅度 我今
還欲令汝憶念本願所行道故 為說聲聞

還欲令汝憶念本願所行道故為諸聲聞
說是大乘經名妙法蓮華教菩薩法佛所護
念舍利弗汝於未来世過无量无邊不可思
議劫供養若干千万億佛奉持正法具足菩
薩所行之道當得作佛号曰華光如来應供正
遍知明行足善逝世間解无上士調御丈夫
天人師佛世尊國名離垢其土平正清淨嚴
飾安隱豐樂天人熾盛瑠璃為地有八交
道黃金為繩以界其側其傍各有七寶行
樹常有華果華光如来亦以三乘教化眾生舍
利弗彼佛出時雖非惡世以本願故說三乘
法其劫名大寶莊嚴何故名曰大寶莊嚴其
國中以菩薩為大寶故彼諸菩薩无量无邊
不可思議算數譬喻所不能及非佛智力无

能知者若欲行時寶華承足此諸菩薩非
初發意皆久殖德本於无量百千万億佛所
淨脩梵行恒為諸佛之所稱歎常脩佛慧具
大神通善知一切諸法之門質直无偽志念堅
固如是菩薩充滿其國舍利弗華光佛壽十
二小劫除為王子未作佛時其國人民壽八小
劫華光如來過十二小劫授堅滿菩薩阿耨多
羅三藐三菩提記告諸比丘是堅滿菩薩次當
作佛号曰華足安行多陁阿伽度阿羅訶三
藐三佛陁其佛國土亦復如是舍利弗是華光
佛滅度之後正法住世三十二小劫像法住世亦
三十二小劫尒時世尊欲重宣此義而說偈
言

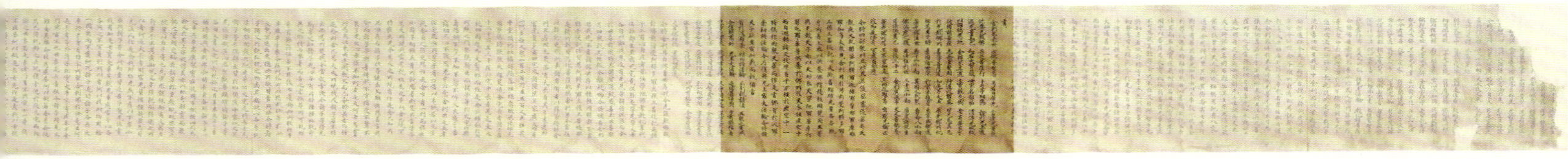

言
舍利弗來世 成佛普智尊 号名曰華光 當度无量衆
供養无數佛 具足菩薩行 十力等功德 證於无上道
過无量劫已 劫名大寶嚴 世界名離垢 清淨无瑕穢
以瑠璃為地 金繩界其道 七寶雜色樹 常有華菓實
彼國諸菩薩 志念常堅固 神通波羅蜜 皆已悉具足
於无數佛所 善學菩薩道 如是等大士 華光佛所化
佛為王子時 棄國捨世榮 於最末後身 出家成佛道
華光佛住世 壽十二小劫 其國人民衆 壽命八小劫
佛滅度之後 正法住於世 三十二小劫 廣度諸衆生
正法滅盡已 像法三十二 舍利廣流布 天人普供養
華光佛所為 其事皆如是 其兩足聖尊 最勝无倫匹
彼即是汝身 宜應自欣慶

尒時四部衆比丘比丘尼優婆塞優婆夷天
龍夜叉乾闥婆阿脩羅迦樓羅緊那羅摩睺
羅伽等大衆見舍利弗於佛前受阿耨多羅
三藐三菩提記心大歡喜踊躍无量各各脫
身所著上衣以供養佛釋提桓因梵天王等
與无數天子亦以天妙衣天曼陁羅華摩訶
曼陁羅華等供養於佛所散天衣住虛空中
而自迴轉諸天伎樂百千万種於虛空中一
時俱作雨衆天華而作是言佛昔於波羅
柰初轉法輪今乃復轉无上冣大法輪尒時諸
天子欲重宣此義而說偈言
昔於波羅柰　轉四諦法輪　分別說諸法　五衆之生滅
今復轉冣妙　无上大法輪　是法甚深奧　少有能信者
我等從昔來　數聞世尊說　未曾聞如是　深妙之上法

昔於波羅奈　轉四諦法輪　分別說諸法　五衆之生滅
今復轉最妙　无上大法輪　是法甚深奧　少有能信者
我等從昔來　數聞世尊說　未曾聞如是　深妙之上法
世尊說是法　我等皆隨喜　大智舍利弗　今得受尊記
我等亦如是　必當得作佛　於一切世間　最尊无有上
佛道叵思議　方便隨宜說　我所有福業　今世若過世
及見佛功德　盡迴向佛道
尒時舍利弗白佛言世尊我今无復疑悔親
於佛前得受阿耨多羅三藐三菩提記是諸
千二百心自在者昔住學地佛常教化言我
法能離生老病死究竟涅槃是學无學人亦
各自以離我見及有无見等謂得涅槃而今
於世尊前聞所未聞皆墮疑惑善哉世尊願
為四衆說其因緣令離疑悔尒時佛告舍利

弗我先不言諸佛世尊以種種因緣譬喻言
辭方便說法皆爲阿耨多羅三藐三菩提耶
是諸所說皆爲化菩薩故然舍利弗今當復
以譬喻更明此義諸有智者以譬喻得解舍
利弗若國邑聚落有大長者其年衰邁財
富无量多有田宅及諸僮僕其家廣大唯有
一門多諸人衆一百二百乃至五百人止住其
中堂閣朽故墻壁頹落柱根腐敗梁棟傾危
周帀俱時欻然火起焚燒舍宅長者諸子若
十二十或至三十在此宅中長者見是大火
從四面起即大驚怖而作是念我雖能於此
所燒之門安隱得出而諸子等於火宅內樂
著嬉戲不覺不知不驚不怖火來逼身苦

著嬉戲不覺不知不驚不怖火來逼身苦
痛切已心不猒患无求出意舍利弗是長者
作是思惟我身手有力當以衣裓若以几案
從舍出之復更思惟是舍唯有一門而復狹
小諸子幼稚未有所識戀著戲處或當墮落
為火所燒我當為說怖畏之事此舍已燒宜
時疾出无令為火之所燒害作是念已如所
思惟具告諸子汝等速出父雖憐愍善言誘
喻而諸子等樂著嬉戲不肯信受不驚不
畏了无出心亦復不知何者是火何者為舍云
何為失但東西走戲視父而已尒時長者即作
是念此舍已為大火所燒我及諸子若不時
出必為所焚我今當設方便令諸子等得免

斯害父知諸子先心各有所好種種珎玩奇
異之物情必樂著而告之言汝等所可玩好
希有難得汝若不取後必憂悔如此種種羊
車鹿車牛車今在門外可以遊戲汝等於此
火宅宜速出来隨汝所欲皆當與汝尒時諸
子聞父所說珎玩之物適其願故心各勇銳
互相推排競共馳走爭出火宅是時長者見
諸子等安隱得出皆於四衢道中露地而坐
无復障礙其心泰然歡喜踊躍時諸子等
各白父言父先所許玩好之具羊車鹿車牛車
願時賜與舍利弗尒時長者各賜諸子等一
大車其車高廣衆寶莊校周帀欄楯四面懸
鈴又於其上張設幰蓋亦以珎奇雜寶而嚴
飾之寶繩交絡垂諸華瓔重敷綩綖安置丹

鈴又於其上張設幰蓋亦以珎奇雜寶而嚴
飾之寶繩交絡垂諸華纓重敷綩綖安置丹
枕駕以白牛膚色充潔形體姝好有大筋力
行步平正其疾如風又多僕從而侍衛之所
以者何是大長者財富无量種種諸藏悉皆
充溢而作是念我財物无極不應以下劣小
車與諸子等今此幼童皆是吾子愛无偏黨
我有如是七寶大車其數无量應當等心各
各與之不宜差別所以者何以我此物周給
一國猶尚不匱何況諸子是時諸子各乘大
車得未曾有非本所望舍利弗於汝意云何
是長者等與諸子珎寶大車寧有虛妄不舍
利弗言不也世尊是長者但令諸子得免火
難全其軀命非為虛妄何以故若全身命便

為已得玩好之具況復方便於彼火宅而拔
濟之世尊若是長者乃至不與最小一車猶
不虛妄何以故是長者先作是意我以方便
令子得出以是因緣无虛妄也何況長者自
知財富无量欲饒益諸子等與大車佛告舍
利弗善哉善哉如汝所言舍利弗如來亦復
如是則為一切世間之父於諸怖畏衰惱憂
患无明暗蔽永盡无餘而悉成就无量知見
力无所畏有大神力及智慧力具足方便智
慧波羅蜜大慈大悲常无懈惓恒求善事利
益一切而生三界朽故火宅為度衆生生老
病死憂悲苦惱愚癡暗蔽三毒之火教化令
得阿耨多羅三藐三菩提見諸衆生為生老
病死憂悲苦惱之所燒煮亦以五欲財利故

病死憂悲苦惱之所燒煑亦以五欲財利故
受種種苦又以貪著追求故現受衆苦後受
地獄畜生餓鬼之苦若生天上及在人間貧
窮困苦愛別離苦怨憎會苦如是等種種諸
苦衆生沒在其中歡喜遊戲不覺不知不驚
不怖亦不生猒不求解脫於此三界火宅東
西馳走雖遭大苦不以爲患舍利弗佛見此
已便作是念我爲衆生之父應拔其苦難與
无量无邊佛智慧樂令其遊戲舍利弗如來
復作是念若我但以神力及智慧力捨於方
便爲諸衆生讚如來知見力无所畏者衆生
不能以是得度所以者何是諸衆生未免生
老病死憂悲苦惱而爲三界火宅所燒何由
能解佛之智慧舍利弗如彼長者雖復身手

有力而不用之但以慇勤方便免濟諸子火
宅之難然後各與珎寶大車如來亦復如是
雖有力无所畏而不用之但以智慧方便於
三界火宅拔濟衆生為說三乘聲聞辟支佛
佛乘而作是言汝等莫得樂住三界火宅勿
貪麤弊色聲香味觸也若貪著生愛則為所
燒汝速出三界當得三乘聲聞辟支佛佛乘
我今為汝保任此事終不虛也汝等但當勤
脩精進如來以是方便誘進衆生復作是言
汝等當知此三乘法皆是聖所稱歎自在无
繫无所依求乘是三乘以无漏根力覺道禪
定解脫三昧等而自娛樂便得无量安隱快
樂舍利弗若有衆生內有智性從佛世尊聞
法信受慇勤精進欲速出三界自求涅槃是

樂舍利弗若有衆生内有智性從佛世尊聞
法信受慇勤精進欲速出三界自求涅槃是
名聲聞乘如彼諸子爲求羊車出於火宅若
有衆生從佛世尊聞法信受慇勤精進求自
然慧樂獨善寂深知諸法因緣是名辟支佛
乘如彼諸子爲求鹿車出於火宅若有衆生
從佛世尊聞法信受勤脩精進求一切智佛
智自然智无師智如來知見力无所畏愍念
安樂无量衆生利益天人度脱一切是名大
乘菩薩求此乘故名爲摩訶薩如彼諸子爲
求牛車出於火宅舍利弗如彼長者見諸子
等安隱得出火宅到无畏處自惟財富无量
等以大車而賜諸子如來亦復如是爲一切
衆生之父若見无量億千衆生以佛教門出

三界苦怖畏險道得涅槃樂如來尒時便作
是念我有无量无邊智慧力无畏等諸佛法
藏是諸衆生皆是我子等與大乘不令有人
獨得滅度皆以如來滅度而滅度之是諸衆
生脫三界者悉與諸佛禪定解脫等娛樂之
具皆是一相一種聖所稱歎能生淨妙第一
之樂舍利弗如彼長者初以三車誘引諸子
然後但與大車寶物莊嚴安隱第一然彼長
者无虛妄之咎如來亦復如是无有虛妄初
說三乘引導衆生然後但以大乘而度脫之
何以故如來有无量智慧力无所畏諸法之
藏能與一切衆生大乘之法但不盡能受舍
利弗以是因緣當知諸佛方便力故於一佛

利弗以是因緣當知諸佛方便力故於一佛
乘分別說三佛欲重宣此義而說偈言
譬如長者　有一大宅　其宅久故　而復頓弊
堂舍高危　柱根摧朽　梁棟傾斜　基陛頹毀
墻壁圮坼　泥塗褫落　覆苫亂墜　椽梠差脫
周障屈曲　雜穢充遍　有五百人　止住其中
鵄梟鵰鷲　烏鵲鳩鴿　蚖蛇蝮蠍　蜈蚣蚰蜒
守宮百足　狖狸鼷鼠　諸惡蟲輩　交橫馳走
屎尿臭處　不淨流溢　蜣蜋諸蟲　而集其上
狐狼野干　咀嚼踐蹋　嚌齧死屍　骨肉狼藉
由是群狗　競來搏撮　飢羸慞惶　處處求食
鬪諍齟掣　啀喍嗥吠　其舍恐怖　變狀如是
處處皆有　魑魅魍魎　夜叉惡鬼　食噉人肉
毒虫之屬　諸惡禽獸　孚乳產生　各自藏護

夜叉競來　爭取食之　食之既飽　惡心轉熾
鬪諍之聲　甚可怖畏　鳩槃荼鬼　蹲踞土埵
或時離地　一尺二尺　往返遊行　縱逸嬉戲
捉狗兩足　撲令失聲　以脚加頸　怖狗自樂
復有諸鬼　其身長大　裸形黑瘦　常住其中
發大惡聲　叫呼求食　復有諸鬼　其咽如針
復有諸鬼　首如牛頭　或食人肉　或復噉狗
頭髮蓬亂　殘害兇險　飢渴所逼　叫喚馳走
夜叉餓鬼　諸惡鳥獸　飢急四向　窺看窓牖
如是諸難　恐畏无量　是朽故宅　屬于一人
其人近出　未久之間　於後舍宅　欻然火起
四面一時　其焰俱熾　棟梁椽柱　爆聲震裂
摧折墮落　牆壁崩倒　諸鬼神等　揚聲大叫

摧折墮落　墻壁崩倒　諸鬼神等　揚聲大叫
鵰鷲諸鳥　鳩槃荼等　周慞惶怖　不能自出
惡獸毒虫　藏竄孔穴　毗舍闍鬼　亦住其中
薄福德故　為火所逼　共相殘害　飲血噉肉
野干之屬　並已前死　諸大惡獸　競來食噉
臭烟熢㶿　四面充塞　蜈蚣蚰蜒　毒蛇之類
為火所燒　爭走出穴　鳩槃荼鬼　隨取而食
又諸餓鬼　頭上火然　飢渴熱惱　周慞悶走
其宅如是　甚可怖畏　毒害火災　衆難非一
是時宅主　在門外立　聞有人言　汝諸子等
先因遊戲　來入此宅　稚小无知　歡娛樂著
長者聞已　驚入火宅　方宜救濟　令无燒害
告喻諸子　說衆患難　惡鬼毒虫　災火蔓莚
衆苦次第　相續不絕　毒蛇蚖蝮　及諸夜叉

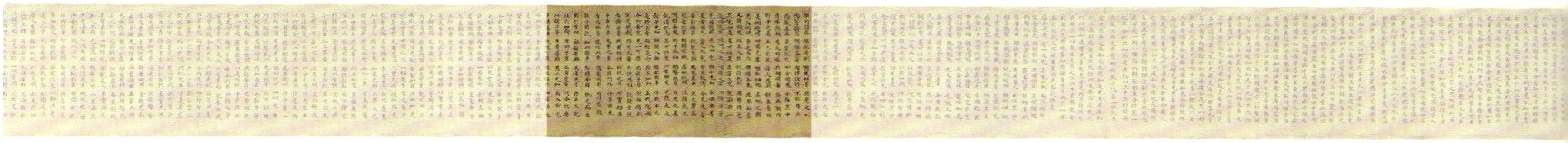

鳩槃荼鬼 野干狐狗 鵰鷲鵄梟 百足之屬
飢渴惱急 甚可怖畏 此苦難處 況復大火
諸子无知 雖聞父誨 猶故樂著 嬉戲不已
是時長者 而作是念 諸子如此 益我愁惱
今此舍宅 无一可樂 而諸子等 耽湎嬉戲
不受我教 將為火害 即便思惟 設諸方便
告諸子等 我有種種 珍玩之具 妙寶好車
羊車鹿車 大牛之車 今在門外 汝等出來
吾為汝等 造作此車 隨意所樂 可以遊戲
諸子聞說 如此諸車 即時奔競 馳走而出
到於空地 離諸苦難 長者見子 得出火宅
住於四衢 坐師子座 而自慶言 我今快樂
此諸子等 生育甚難 愚小无知 而入險宅
多諸毒虫 魑魅可畏 大火猛焰 四面俱起

此諸子等　生育甚難　愚小无知　而入險宅
多諸毒虫　魑魅可畏　大火猛焰　四面俱起
而此諸子　貪樂嬉戲　我已救之　令得脫難
是故諸人　我今快樂　尒時諸子　知父安坐
皆詣父所　而白父言　願賜我等　三種寶車
如前所許　諸子出來　當以三車　隨汝所欲
今正是時　唯垂給與　長者大富　庫藏衆多
金銀琉璃　車渠馬瑙　以衆寶物　造諸大車
莊校嚴飾　周帀欄楯　四面懸鈴　金繩交絡
真珠羅網　張施其上　金華諸纓　處處垂下
衆采雜飾　周帀圍繞　柔軟繒纊　以為裀褥
上妙細疊　價直千億　鮮白淨潔　以覆其上
有大白牛　肥壯多力　形體姝好　以駕寶車
多諸儐從　而侍衛之　以是妙車　等賜諸子

諸子是時　歡喜踊躍　乘是寶車　遊於四方
嬉戲快樂　自在无礙　告舍利弗　我亦如是
衆聖中尊　世間之父　一切衆生　皆是吾子
深著世樂　无有慧心　三界无安　猶如火宅
衆苦充滿　甚可怖畏　常有生老　病死憂患
如是等火　熾然不息　如來已離　三界火宅
寂然閑居　安處林野　今此三界　皆是我有
其中衆生　悉是吾子　而今此處　多諸患難
唯我一人　能為救護　雖復教詔　而不信受
於諸欲染　貪著深故　是以方便　為說三乘
令諸衆生　知三界苦　開示演說　出世間道
是諸子等　若心決定　具足三明　及六神通
有得緣覺　不退菩薩　汝舍利弗　我為衆生
以此譬喻　說一佛乘　汝等若能　信受是語

有得緣覺　不退菩薩　汝舍利弗　我為衆生
以此譬喻　說一佛乘　汝等若能　信受是語
一切皆當　得成佛道　是乘微妙　清淨苐一
於諸世間　為无有上　佛所悅可　一切衆生
所應稱讚　供養礼拜　无量億千　諸力解脫
禪定智慧　及佛餘法　得如是乘　令諸子等
日夜劫數　常得遊戲　與諸菩薩　及聲聞衆
乘此寶乘　直至道場　以是因緣　十方諦求
更无餘乘　除佛方便　告舍利弗　汝諸人等
皆是吾子　我則是父　汝等累劫　衆苦所燒
我皆濟拔　令出三界　我雖先說　汝等滅度
但盡生死　而實不滅　今所應作　唯佛智慧
若有菩薩　於是衆中　能一心聽　諸佛實法
諸佛世尊　雖以方便　所化衆生　皆是菩薩

若人小智　深著愛欲　為此等故　說於苦諦
衆生心喜　得未曾有　佛說苦諦　真實无異
若有衆生　不知苦本　深著苦因　不能暫捨
為是等故　方便說道　諸苦所因　貪欲為本
若滅貪欲　无所依止　滅盡諸苦　名第三諦
為滅諦故　脩行於道　離諸苦縛　名得解脫
是人於何　而得解脫　但離虛妄　名為解脫
其實未得　一切解脫　佛說是人　未實滅度
斯人未得　无上道故　我意不欲　令至滅度
我為法王　於法自在　安隱衆生　故現於世
汝舍利弗　我此法印　為欲利益　世間故說
在所遊方　勿妄宣傳　若有聞者　随喜頂受
當知是人　阿鞞跋致　若有信受　此經法者
是人已曾　見過去佛　恭敬供養　亦聞是法

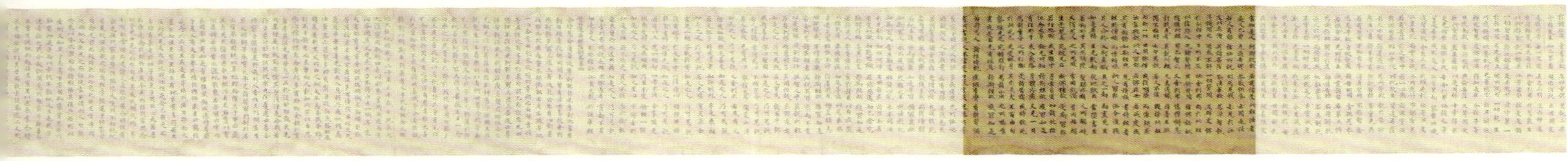

當知是人　阿鞞跋致　若有信受　此經法者
是人已曾　見過去佛　恭敬供養　亦聞是法
若人有能　信汝所說　則爲見我　亦見於汝
及比丘僧　并諸菩薩　斯法華經　爲深智說
淺識聞之　迷惑不解　一切聲聞　及辟支佛
於此經中　力所不及　汝舍利弗　尚於此經
以信得入　況餘聲聞　其餘聲聞　信佛語故
隨順此經　非己智分　又舍利弗　憍慢懈怠
計我見者　莫說此經　凡夫淺識　深著五欲
聞不能解　亦勿爲說　若人不信　毀謗此經
則斷一切　世間佛種　或復嚬蹙　而懷疑惑
汝當聽說　此人罪報　若佛在世　若滅度後
其有誹謗　如斯經典　見有讀誦　書持經者
輕賤憎嫉　而懷結恨　此人罪報　汝今復聽

其人命終　入阿鼻獄　具足一劫　劫盡更生
如是展轉　至无數劫　從地獄出　當墮畜生
若狗野干　其形頊瘦　黧黮疥癩　人所觸嬈
又復為人　之所惡賤　常困飢渴　骨肉枯竭
生受楚毒　死被瓦石　斷佛種故　受斯罪報
若作駱駝　或生驢中　身常負重　加諸杖捶
但念水草　餘无所知　謗斯經故　獲罪如是
有作野干　来入聚落　身體疥癩　又无一目
為諸童子　之所打擲　受諸苦痛　或時致死
於此死已　更受蟒身　其形長大　五百由旬
聾騃无足　宛轉腹行　為諸小虫　之所唼食
晝夜受苦　无有休息　謗斯經故　獲罪如是
若得為人　諸根暗鈍　矬陋攣躄　盲聾背傴
有所言說　人不信受　口氣常臭　鬼魅所著

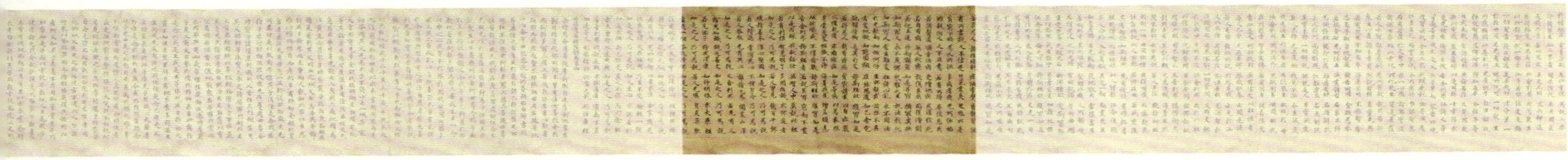

若得為人 諸根闇鈍 矬陋攣躄 盲聾背傴
有所言説 人不信受 口氣常臭 鬼魅所著
貧窮下賤 為人所使 多病痟瘦 无所依怙
雖親附人 人不在意 若有所得 尋復忘失
若脩醫道 順方治病 更增他疾 或復致死
若自有病 無人救療 設復良藥 而復增劇
若他反逆 抄劫竊盜 如是等罪 橫羅其殃
如斯罪人 永不見佛 衆聖之王 説法教化
如斯罪人 常生難處 狂聾心亂 永不聞法
於无數劫 如恒河沙 生輒聾瘂 諸根不具
常處地獄 如遊園觀 在餘惡道 如己舍宅
駝驢猪狗 是其行處 謗斯經故 獲罪如是
若得為人 聾盲瘖瘂 貧窮諸衰 以自莊嚴
水腫乾痟 疥癩癰疽 如是等病 以為衣服

身常臭處　垢穢不淨　深著我見　增益瞋恚
婬欲熾盛　不擇禽獸　謗斯經故　獲罪如是
告舍利弗　謗斯經者　若說其罪　窮劫不盡
以是因緣　我故語汝　無智人中　莫說此經
若有利根　智慧明了　多聞強識　求佛道者
如是之人　乃可為說　若人曾見　億百千佛
殖諸善本　深心堅固　如是之人　乃可為說
若人精進　常脩慈心　不惜身命　乃可為說
若人恭敬　无有異心　離諸凡愚　獨處山澤
如是之人　乃可為說　又舍利弗　若見有人
捨惡知識　親近善友　如是之人　乃可為說
若見佛子　持戒清潔　如淨明珠　求大乘經
如是之人　乃可為說　若人无瞋　質直柔軟
常愍一切　恭敬諸佛　如是之人　乃可為說

如是之人　乃可為說　若人无瞋　質直柔軟
常愍一切　恭敬諸佛　如是之人　乃可為說
復有佛子　於大衆中　以清淨心　種種因緣
譬喻言辭　說法无礙　如是之人　乃可為說
若有比丘　為一切智　四方求法　合掌頂受
但樂受持　大乘經典　乃至不受　餘經一偈
如是之人　乃可為說　如人至心　求佛舍利
如是求經　得已頂受　其人不復　志求餘經
亦未曾念　外道典籍　如是之人　乃可為說
告舍利弗　我說是相　求佛道者　窮劫不盡
如是等人　則能信解　汝當為說　妙法華經

妙法蓮華經信解品第四

尒時慧命須菩提摩訶迦旃延摩訶迦葉摩
訶目揵連從佛所聞未曾有法世尊授舍利

弗阿耨多羅三藐三菩提記發希有心歡喜
踊躍即從座起整衣服偏袒右肩右膝著地
一心合掌曲躬恭敬瞻仰尊顏而白佛言我
等居僧之首年並朽邁自謂已得涅槃无所
堪任不復進求阿耨多羅三藐三菩提世尊
往昔說法既久我時在座身體疲懈但念空
无相无作於菩薩法遊戲神通淨佛國土成
就眾生心不喜樂所以者何世尊令我等出
於三界得涅槃證又今我等年已朽邁於佛
教化菩薩阿耨多羅三藐三菩提不生一念
好樂之心我等今於佛前聞授聲聞阿耨多
羅三藐三菩提記心甚歡喜得未曾有不謂
於今忽然得聞希有之法深自慶幸獲大善
利无量珍寶不求自得世尊我等今者樂說

BD00964　妙法蓮華經卷二

於今忽然得聞希有之法深自慶幸獲大善
利无量珎寶不求自得世尊我等今者樂說
譬喻以明斯義譬若有人年既幼稚捨父逃
逝久住他國或十二十至五十歲年既長大
加復窮困馳騁四方以求衣食漸漸遊行遇
向本國其父先來求子不得中止一城其家
大富財寶无量金銀琉璃珊瑚虎珀頗梨珠
等其諸倉庫悉皆盈溢多有僮僕臣佐吏民
象馬車乘牛羊无數出入息利乃遍他國商
估賈客亦甚衆多時貧窮子遊諸聚落經歷
國邑遂到其父所止之城父每念子與子離
別五十餘年而未曾向人說如此事但自思
惟心懷悔恨自念老朽多有財物金銀珎寶
倉庫盈溢无有子息一旦終沒財物散失无

所委付是以殷勤每憶其子復作是念我若
得子委付財物坦然快樂无復憂慮世尊尒
時窮子傭賃展轉遇到父舍住立門側遥見
其父踞師子床寶几承足諸婆羅門剎利居
士皆恭敬圍繞以真珠瓔珞價直千万莊嚴
其身吏民僮僕手執白拂侍立左右覆以寶
帳垂諸華幡香水灑地散衆名華羅列寶物
出内取與有如是等種種嚴飾威德特尊窮
子見父有大力勢即懷恐怖悔来至此竊作
是念此或是王或是王等非我傭力得物之
處不如往至貧里肆力有地衣食易得若久
住此或見逼迫強使我作作是念已疾走而
去時富長者於師子座見子便識心大歡喜
即作是念我財物庫藏今有所付我常思念

即作是念我財物庫藏今有所付我常思念
此子无由見之而忽自來甚適我願我雖年
朽猶故貪惜即遣傍人急追將還尒時使者
疾走往捉窮子驚愕稱怨大喚我不相犯何
為見捉使者執之逾急強牽將還于時窮子
自念无罪而被囚執此必定死轉更惶怖悶
絕躄地父遙見之而語使言不須此人勿強
將來以冷水灑面令得醒悟莫復與語所以
者何父知其子志意下劣自知豪貴為子所
難審知是子而以方便不語他人云是我子
使者語之我今放汝隨意所趣窮子歡喜得
未曾有從地而起往至貧里以求衣食尒時
長者將欲誘引其子而設方便密遣二人形
色憔悴无威德者汝可詣彼徐語窮子此有

作處倍與汝直窮子若許將來使作若言欲
何所作便可語之雇汝除糞我等二人亦共
汝作時二使人即求窮子既已得之具陳上
事尒時窮子先取其價尋與除糞其父見子
愍而怪之又以他日於窗牖中遥見子身羸
瘦憔悴糞土塵坌汙穢不淨即脫瓔珞細軟
上服嚴飾之具更著麁弊垢膩之衣塵土坌
身右手執持除糞之器狀有所畏語諸作人
汝等勤作勿得懈息以方便故得近其子後
復告言咄男子汝常此作勿復餘去當加汝
價諸有所須瓮器米麪鹽酢之屬莫自疑難
亦有老弊使人須者相給好自安意我如汝
父勿復憂慮所以者何我年老大而汝少壯
汝常作時无有欺怠瞋恨怨言都不見汝有

BD00964　妙法蓮華經卷二

父勿復憂慮所以者何我年老大而汝少壯
汝常作時无有欺怠瞋恨怨言都不見汝有
此諸惡如餘作人自今已後如所生子即時
長者更與作字名之為兒尒時窮子雖欣此
遇猶故自謂客作賤人由是之故於二十年
中常令除糞過是已後心相體信入出无難
然其所止猶在本處世尊尒時長者有疾自
知將死不久語窮子言我今多有金銀珎寶
倉庫盈溢其中多少所應取與汝悉知之我
心如是當體此意所以者何今我與汝便為
不異宜加用心无令漏失尒時窮子即受教
勑領知衆物金銀珎寶及諸庫藏而无悕取
一餐之意然其所止故在本處下劣之心亦
未能捨復經少時父知子意漸已通泰成就

大志自蔽先心臨欲終時而命其子并會親
族國王大臣剎利居士皆悉已集即自宣言
諸君當知此是我子我之所生於其城中捨
吾逃走跉跰辛苦五十餘年其本字某我名
其甲昔在本城懷憂推覓忽於此閒遇會得
之此實我子我實其父今我所有一切財物
皆是子有先所出內是子所知世尊是時窮
子聞父此言即大歡喜得未曾有而作是念
我本无心有所悕求今此寶藏自然而至世
尊大富長者則是如來我等皆似佛子如來
常說我等為子世尊我等以三苦故於生死
中受諸熱惱迷惑无知樂著小法今日世尊
令我等思惟蠲除諸法戲論之糞我等於中

BD00964　妙法蓮華經卷二

令我等思惟蠲除諸法戲論之糞我等於中
勤加精進得至涅槃一日之價既得此已心
大歡喜自以為足而便自謂於佛法中勤精進
故所得弘多然世尊先知我等心着弊欲樂
於小法便見縱捨不為分別汝等當有如來
知見寶藏之分世尊以方便力說如來智慧
我等從佛得涅槃一日之價以為大得於此
大乘无有志求我等又因如來智慧為諸菩
薩開示演說而自於此无有志願所以者何
佛知我等心樂小法以方便力隨我等說而
我等不知真是佛子今我等方知世尊於佛
智慧无所悋惜所以者何我等昔來真是佛
子而但樂小法若我等有樂大之心佛則為

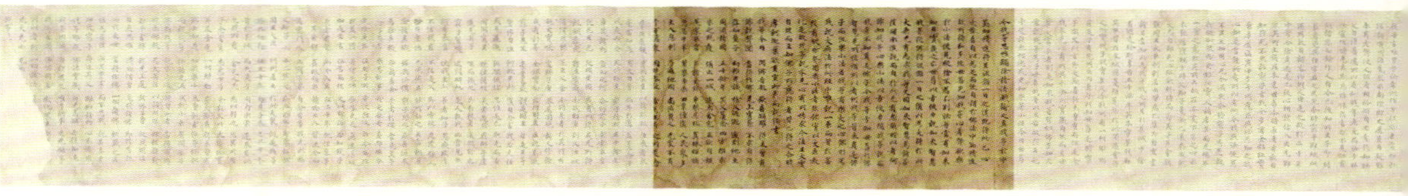

我說大乘法於此經中唯說一乘而昔於菩
薩前毀呰聲聞樂小法者然佛實以大乘教
化是故我等說本无心有所悕求今法王大寶
自然而至如佛子所應得者皆已得之尒時
摩訶迦葉欲重宣此義而說偈言
我等今日 聞佛音教 歡喜踊躍 得未曾有
佛說聲聞 當得作佛 无上寶聚 不求自得
譬如童子 幼稚无識 捨父逃逝 遠到他土
周流諸國 五十餘年 其父憂念 四方推求
求之既疲 頓止一城 造立舍宅 五欲自娛
其家巨富 多諸金銀 車𤦲馬瑙 真珠瑠璃
象馬牛羊 輦輿車乘 田業僮僕 人民衆多
出入息利 乃遍他國 商估賈人 无處不有
千万億衆 圍繞恭敬 常為王者 之所愛念

BD00964 妙法蓮華經卷二

千万億衆　圍繞恭敬　常為王者　之所愛念
羣臣豪族　皆共宗重　以諸緣故　往來者衆
豪富如是　有大力勢　而年朽邁　益憂念子
夙夜惟念　死時將至　癡子捨我　五十餘年
庫藏諸物　當如之何　尒時窮子　求索衣食
從邑至邑　從國至國　或有所得　或无所得
飢餓羸瘦　體生瘡癬　漸次經歷　到父住城
傭賃展轉　遂至父舍　尒時長者　於其門內
施大寶帳　處師子座　眷屬圍繞　諸人侍衛
或有計算　金銀寶物　出內財產　注記券疏
窮子見父　豪貴尊嚴　謂是國王　若是王等
驚怖自怪　何故至此　覆自念言　我若久住
或見逼迫　強驅使作　思惟是已　馳走而去

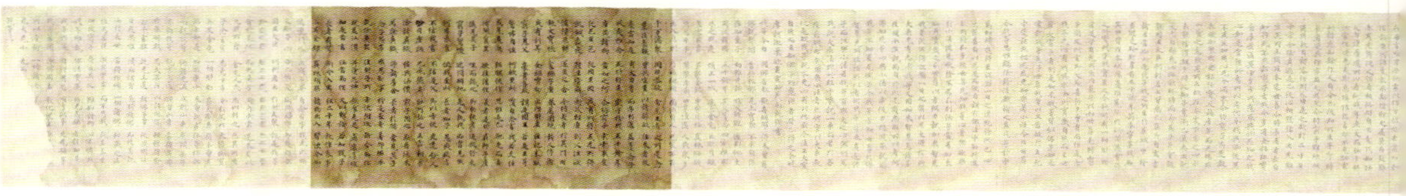

借問貧里　欲往傭作　長者是時　在師子座
遙見其子　嘿而識之　即勅使者　追捉将来
窮子驚喚　迷悶躃地　是人執我　必當見煞
何用衣食　使我至此　長者知子　愚癡狹劣
不信我言　不信是父　即以方便　更遣餘人
眇目座陋　无威德者　汝可語之　云當相雇
除諸糞穢　倍與汝價　窮子聞之　歡喜隨来
為除糞穢　淨諸房舍　長者於牖　常見其子
念子愚劣　樂為鄙事　於是長者　著弊垢衣
執除糞器　往到子所　方便附近　語令勤作
既益汝價　并塗足油　飲食充足　薦席厚暖
如是苦言　汝當勤作　又以軟語　若如我子
長者有智　漸令入出　經二十年　執作家事
示其金銀　真珠頗梨　諸物出入　皆使令知

長者有智 漸令入出 經二十年 執作家事
示其金銀 真珠頗梨 諸物出入 皆使令知
猶處門外 止宿草菴 自念貧事 我无此物
父知子心 漸已曠大 欲與財物 即聚親族
國王大臣 剎利居士 於此大衆 說是我子
捨我他行 經五十歲 自見子來 已二十年
昔於某城 而失是子 周行求索 遂來至此
凡我所有 舍宅人民 悉以付之 恣其所用
子念昔貧 志意下劣 今於父所 大獲珍寶
并及舍宅 一切財物 甚大歡喜 得未曾有
佛亦如是 知我樂小 未曾說言 汝等作佛
而說我等 得諸无漏 成就小乘 聲聞弟子
佛勅我等 說冣上道 脩習此者 當得成佛
我承佛教 為大菩薩 以諸因緣 種種譬喻

若干言辭　説无上道　諸佛子等　從我聞法
日夜思惟　精勤脩習　是時諸佛　即授其記
汝於來世　當得作佛　一切諸佛　秘藏之法
但為菩薩　演其實事　而不為我　説其真要
如彼窮子　得近其父　雖知諸物　心不悕取
我等雖説　佛法寶藏　自无志願　亦復如是
我等内滅　自謂為足　唯了此事　更无餘事
我等若聞　淨佛國土　教化衆生　都
所以者何　一切諸法　皆
无大无小　无漏
我等

BD00965 金剛般若波羅蜜經

（後秦）鳩摩羅什 譯

541.2cm × 25.7cm

然世尊願樂欲
告須菩提諸菩薩□訶薩應如
所有一切衆生之類□卵生若胎生若
若化生若有色若无色若有想若无想若
非有想若非无想我皆令入无餘涅槃而滅
之如是滅度无量无數无邊衆生實无衆
生得滅度者何以故須菩提若菩薩有我相
人相衆生相壽者相即非菩薩
復次須菩提菩薩於法應无所住行於布施
所謂不住色布施不住聲香味觸法布施須
菩提菩薩應如是布施不住於相何以故若
菩薩不住相布施其福德不可思量須菩提
於意云何東方虛空可思量不不也世尊須

菩提南西北方四維上下虛空可思量不不
也世尊須菩提菩薩无住相布施福德亦復
如是不可思量須菩提菩薩但應如所教住
須菩提於意云何可以身相見如來不不也
世尊不可以身相得見如來何以故如來所
說身相即非身相佛告須菩提凡所有相皆
是虛妄若見諸相非相則見如來
須菩提白佛言世尊頗有衆生得聞如是言
說章句生實信不佛告須菩提莫作是說如
來滅後後五百歲有持戒脩福者於此章句
能生信心以此為實當知是人不於一佛二佛
三四五佛而種善根已於无量千万佛所
種諸善根聞是章句乃至一念生淨信者須

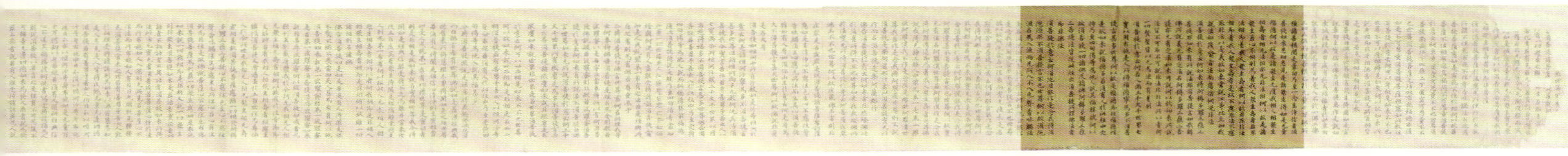

種諸善根聞是章句乃至一念生淨信者須
菩提如來悉知悉見是諸衆生得如是无量
福德何以故是諸衆生无復我相人相衆生
相壽者相无法相亦无非法相何以故是諸
衆生若心取相則爲着我人衆生壽者若取
法相即着我人衆生壽者何以故若取非法
相即着我人衆生壽者是故不應取法不應
取非法以是義故如來常說汝等比丘知我
說法如筏喻者法尚應捨何况非法
須菩提於意云何如來得阿耨多羅三藐三
菩提耶如來有所說法耶須菩提言如我解
佛所說義无有定法名阿耨多羅三藐三菩
提亦无有定法如來可說何以故如來所說

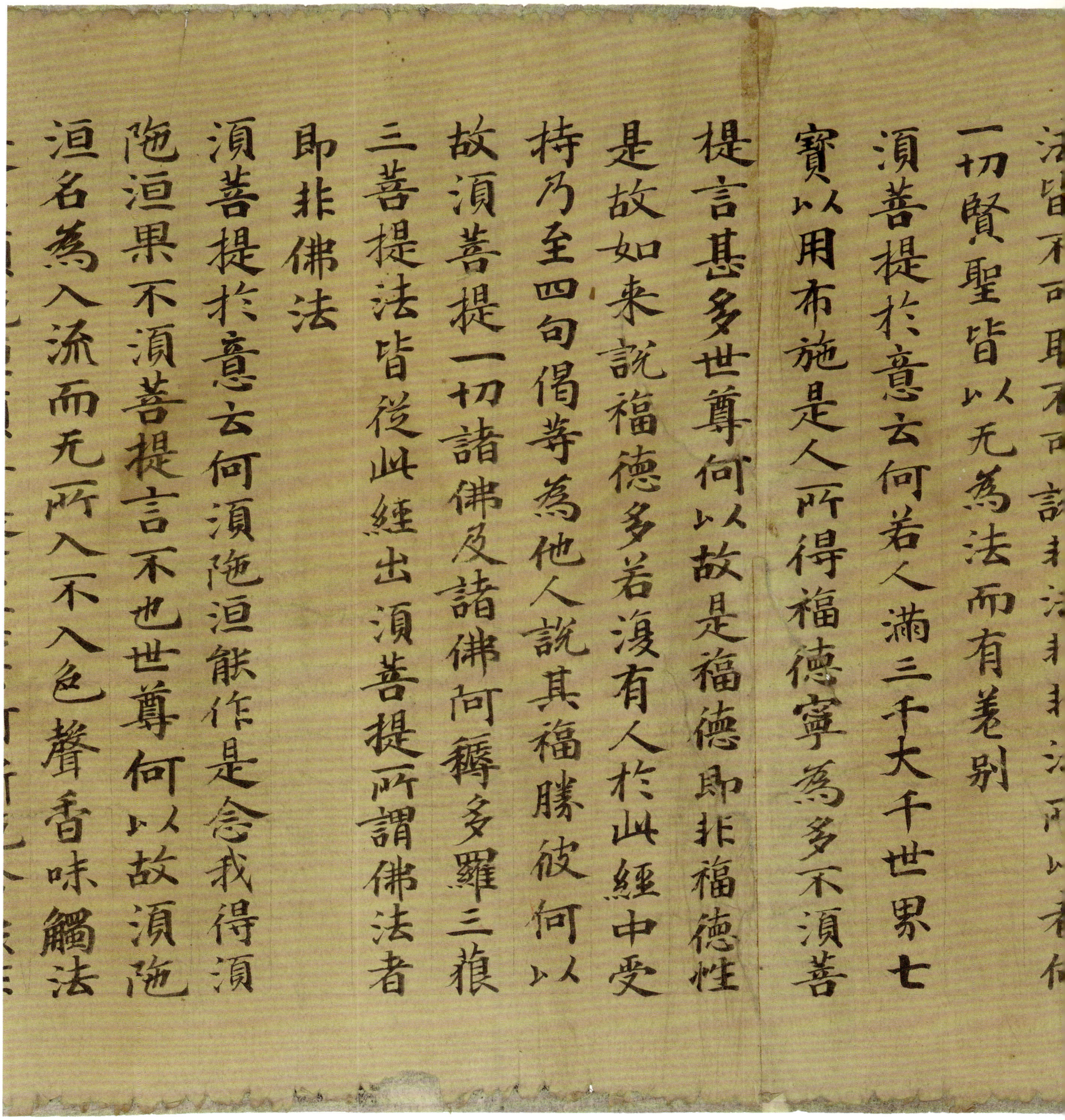

法皆不可取不可說非法非非法所以者何
一切賢聖皆以无爲法而有差别
須菩提於意云何若人滿三千大千世界七
寶以用布施是人所得福德寧爲多不須菩
提言甚多世尊何以故是福德即非福德性
是故如來說福德多若復有人於此經中受
持乃至四句偈等爲他人說其福勝彼何以
故須菩提一切諸佛及諸佛阿耨多羅三藐
三菩提法皆從此經出須菩提所謂佛法者
即非佛法
須菩提於意云何須陁洹能作是念我得須
陁洹果不須菩提言不也世尊何以故須陁
洹名爲入流而无所入不入色聲香味觸法

BD00965　金剛般若波羅蜜經

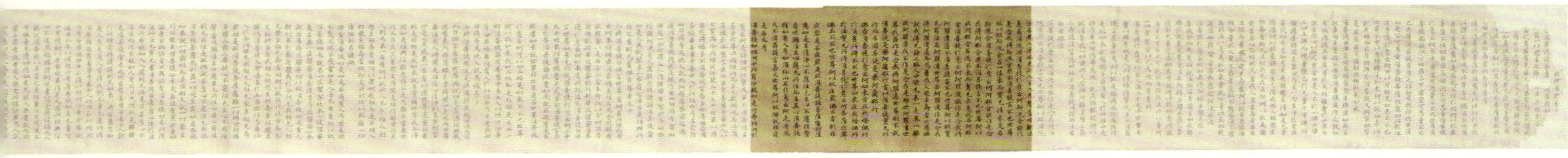

洹名為入流而无所入不入色聲香味觸法
是名須陁洹須菩提於意云何斯陁含能作
是念我得斯陁含果不須菩提言不也世尊
故以故斯陁含名一往来而實无往来是名
斯陁含須菩提於意云何阿那含能作是念
我得阿那含果不須菩提言不也世尊何以
故阿那含名為不来而實无来是故名阿那
含須菩提於意云何阿羅漢能作是念我得
阿羅漢道不須菩提言不也世尊何以故實
无有法名阿羅漢世尊若阿羅漢作是念我
得阿羅漢道即為著我人衆生壽者世尊佛
說我得无諍三昧人中最為第一是第一離
欲阿羅漢我不作是念我是離欲阿羅漢世
尊我若作是念我得阿羅漢道世尊則不說

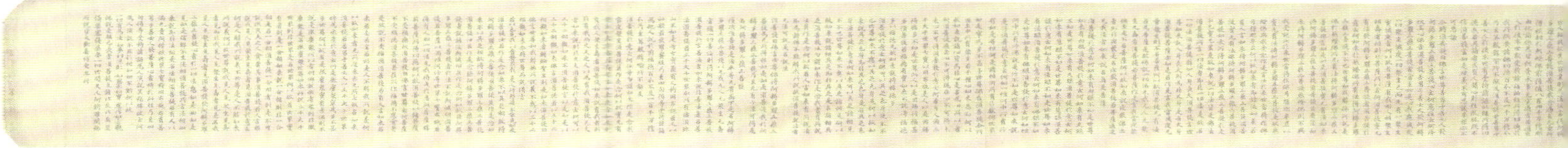

須菩提是樂阿蘭那行者以須菩提實无所
行而名須菩提是樂阿蘭那行
佛告須菩提於意云何如來昔在然燈佛所
於法有所得不不也世尊如來在然燈佛所
於法實无所得須菩提於意云何菩薩莊嚴
佛土不不也世尊何以故莊嚴佛土者則非
莊嚴是名莊嚴是故須菩提諸菩薩摩訶薩
應如是生清淨心不應住色生心不應住聲
香味觸法生心應无所住而生其心須菩提
譬如有人身如須彌山王於意云何是身為
大不須菩提言甚大世尊何以故佛說非身
是名大身
須菩提如恒河中所有沙數如是沙等恒河於

是名大身
須菩提如恒河中所有沙數如是沙等恒河於
意云何是諸恒河沙寧為多不須菩提言
甚多世尊但諸恒河尚多无數何況其沙須
菩提我今實言告汝若有善男子善女人以
七寶滿尒所恒河沙數三千大千世界以用
布施得福多不須菩提言甚多世尊佛告須
菩提若善男子善女人於此經中乃至受持
四句偈等為他人說而此福德勝前福德
復次須菩提隨說是經乃至四句偈等當知
此處一切世間天人阿脩羅皆應供養如佛
塔廟何況有人盡能受持讀誦須菩提當
知是人成就最第一希有之法若是經典所
在之處則為有佛若尊重弟子

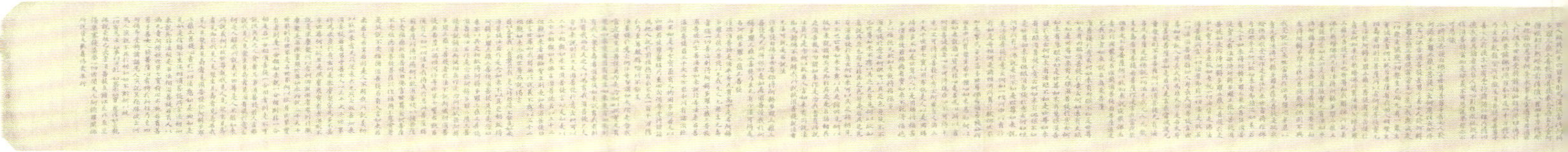

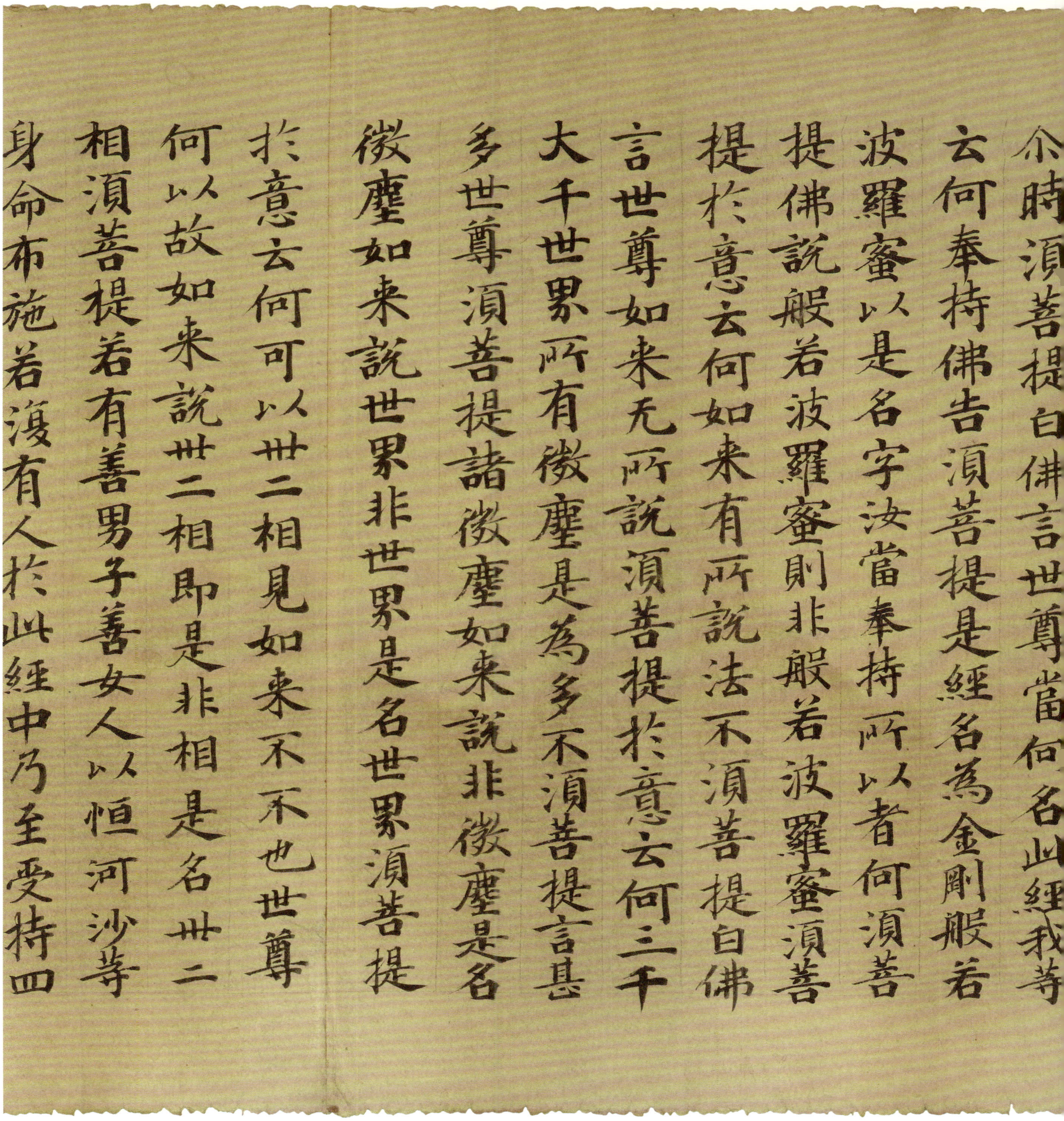

尒時須菩提白佛言世尊當何名此經我等
云何奉持佛告須菩提是經名為金剛般若
波羅蜜以是名字汝當奉持所以者何須菩
提佛說般若波羅蜜則非般若波羅蜜須菩
提於意云何如來有所說法不須菩提白佛
言世尊如來无所說須菩提於意云何三千
大千世界所有微塵是為多不須菩提言甚
多世尊須菩提諸微塵如來說非微塵是名
微塵如來說世界非世界是名世界須菩提
於意云何可以卅二相見如來不不也世尊
何以故如來說卅二相即是非相是名卅二
相須菩提若有善男子善女人以恒河沙等
身命布施若復有人於此經中乃至受持四

BD00965　金剛般若波羅蜜經

相須菩提若有善男子善女人以恒河沙等
身命布施若復有人於此經中乃至受持四
句偈等為他人說其福甚多
尒時須菩提聞說是經深解義趣涕淚悲泣
而白佛言希有世尊佛說如是甚深經典我
從昔來所得慧眼未曾得聞如是之經世尊
若復有人得聞是經信心清淨則生實相當
知是人成就第一希有功德世尊是實相者
則是非相是故如來說名實相世尊我今得
聞如是經典信解受持不足為難若當來世
後五百歲其有衆生得聞是經信解受持是
人則為第一希有何以故此人无我相人相
衆生相壽者相所以者何我相即是非相人
相衆生相壽者相即是非相何以故離一切

諸相則名諸佛
佛告須菩提如是如是若復有人得聞是經
不驚不怖不畏當知是人甚為希有何以故
須菩提如來說第一波羅蜜非第一波羅蜜
是名第一波羅蜜須菩提忍辱波羅蜜如來
說非忍辱波羅蜜何以故須菩提如我昔為
歌利王割截身體我於尒時无我相无人相
无衆生相无壽者相何以故我於往昔節節
支解時若有我相人相衆生相壽者相應生
瞋恨須菩提又念過去於五百世作忍辱仙
人於尒所世无我相无人相无衆生相无壽
者相是故須菩提菩薩應離一切相發阿耨
多羅三藐三菩提心不應住色生心不應住

[illegible]
多羅三藐三菩提心不應住色生心不應住
聲香味觸法生心應生无所住心若心有住
則為非住是故佛說菩薩心不應住色布施
須菩提菩薩為利益一切衆生應如是布施
如来說一切諸相即是非相又說一切衆生
則非衆生須菩提如来是真語者實語者如
語者不誑語者不異語者須菩提如来所得
法此法无實无虛須菩提若菩薩心住於法
而行布施如人入闇則无所見若菩薩心不
住法而行布施如人有目日光明照見種種
色須菩提當来之世若有善男子善女人能
於此經受持讀誦則為如来以佛智慧悉知
是人悉見是人皆得成就无量无邊功德

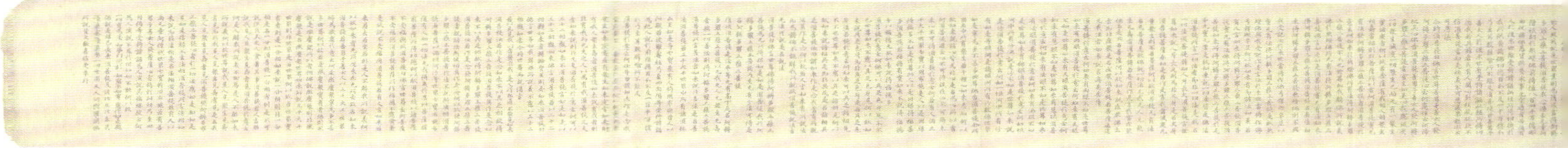

須菩提若有善男子善女人初日分以恒河
沙等身布施中日分復以恒河沙等身布施
後日分亦以恒河沙等身布施如是无量百
千万億劫以身布施若復有人聞此經典信
心不逆其福勝彼何況書寫受持讀誦為人
解說須菩提以要言之是經有不可思議不
可稱量无邊功德如来為發大乘者說為發
最上乘者說若有人能受持讀誦廣為人說
如来悉知是人悉見是人皆成就不可量不
可稱无有邊不可思議功德如是人等則為
荷擔如来阿耨多羅三藐三菩提何以故須
菩提若樂小法者著我見人見衆生見壽者
見則於此經不能聽受讀誦為人解說須菩
提在在處處若有此經一切世間天人阿脩

見則於此經不能聽受讀誦為人解説須菩
提在在處處若有此經一切世間天人阿脩
羅所應供養當知此處則為是塔皆應恭敬
作礼圍繞以諸華香而散其處
復次須菩提善男子善女人受持讀誦此經
若為人輕賤是人先世罪業應墮惡道以今
世人輕賤故先世罪業則為消滅當得阿耨
多羅三藐三菩提須菩提我念過去无量阿
僧祇劫於然燈佛前得值八百四千万億那
由他諸佛悉皆供養承事无空過者若復有
人於後末世能受持讀誦此經所得功德於
我所供養諸佛功德百分不及一千万億分
乃至筭數譬喻所不能及須菩提若善男子

善女人於後末世有受持讀誦此經所得功
德我若具諸者或有人聞心則狂亂狐疑不
信須菩提當知是經義不可思議果報亦不
可思議
尒時須菩提白佛言世尊善男子善女人發
阿耨多羅三藐三菩提心云何應住云何降
伏其心佛告須菩提善男子善女人發阿耨
多羅三藐三菩提者當生如是心我應滅度
一切衆生滅度一切衆生已而无有一衆生
實滅度者何以故若菩薩有我相人相衆生
相壽者相則非菩薩所以者何須菩提實无
有法發阿耨多羅三藐三菩提者須菩提於
意云何如來於然燈佛所有法得阿耨多羅
三藐三菩提不不也世尊如我解佛所說義

意云何如來於然燈佛所有法得阿耨多羅
三藐三菩提不不也世尊如我解佛所說義
佛於然燈佛所无有法得阿耨多羅三藐三
菩提佛言如是如是須菩提實无有法如來
得阿耨多羅三藐三菩提須菩提若有法如
來得阿耨多羅三藐三菩提然燈佛則不與
我受記汝於來世當得作佛号釋迦牟尼以
實无有法得阿耨多羅三藐三菩提是故然
燈佛與我受記作是言汝於來世當得作佛
号釋迦牟尼何以故如來者即諸法如義若
有人言如來得阿耨多羅三藐三菩提須菩
提實无有法佛得阿耨多羅三藐三菩提須
菩提如來所得阿耨多羅三藐三菩提於是

中无實无虛是故如来說一切法皆是佛法
須菩提所言一切法者即非一切法是故名
一切法須菩提譬如人身長大須菩提言世
尊如来說人身長大則為非大身是名大身
須菩提菩薩亦如是若作是言我當滅度无
量衆生則不名菩薩何以故須菩提无有法
名為菩薩是故佛說一切法无我无人无衆
生无壽者須菩提若菩薩作是言我當莊嚴
佛土是不名菩薩何以故如来說莊嚴佛土
者即非莊嚴是名莊嚴須菩提若菩薩通達
无我法者如来說名真是菩薩
須菩提於意云何如来有肉眼不如是世尊
如来有肉眼須菩提於意云何如来有天眼

如来有肉眼須菩提於意云何如来有天眼
不如是世尊如来有天眼須菩提於意云何
如来有慧眼不如是世尊如来有慧眼須菩
提於意云何如来有法眼不如是世尊如来
有法眼須菩提於意云何如来有佛眼不如
是世尊如来有佛眼須菩提於意云何如恒
河中所有沙佛說是沙不如是世尊如来說
是沙須菩提於意云何如一恒河中所有沙
有如是等恒河是諸恒河所有沙數佛世界
如是寧為多不甚多世尊佛告須菩提尒所
國土中所有衆生若干種心如来悉知何以
故如来說諸心皆為非心是名為心所以者
何須菩提過去心不可得現在心不可得未

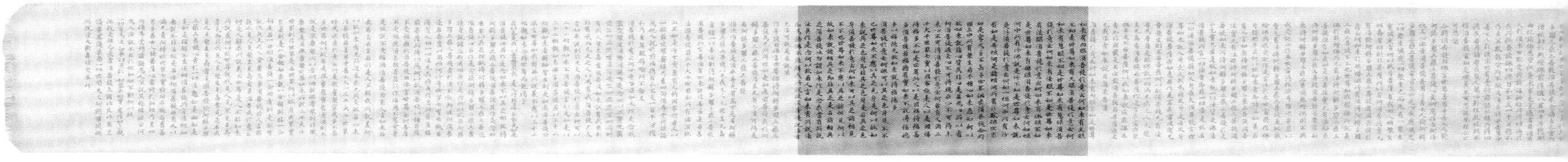

來心不可得須菩提於意云何若有人滿三
千大千世界七寶以用布施是人以是因緣
得福多不如是世尊此人以是因緣得福甚
多須菩提若福德有實如來不說得福德
多以福德无故如來說得福德多
須菩提於意云何佛可以具足色身見不不
也世尊如來不應以具足色身見何以故如
來說具足色身即非具足色身是名具足色
身須菩提於意云何如來可以具足諸相見
不不也世尊如來不應以具足諸相見何以
故如來說諸相具足即非具足是名諸相具
足須菩提汝勿謂如來作是念我當有所說
法莫作是念何以故若人言如來有所說法
即為謗佛不能解我所說故須菩提說法者

法莫作是念何以故若人言如来有所說法
即為謗佛不能解我所說故須菩提說法者
无法可說是名說法
須菩提白佛言世尊佛得阿耨多羅三藐三
菩提為无所得耶如是如是須菩提我於阿
耨多羅三藐三菩提乃至无有少法可得是
名阿耨多羅三藐三菩提
復次須菩提是法平等无有高下是名阿耨
多羅三藐三菩提以无我无人无衆生无壽
者脩一切善法則得阿耨多羅三藐三菩提
須菩提所言善法者如来說非善法是名善
法須菩提若三千大千世界中所有諸須弥
山王如是等七寶聚有人持用布施若人以

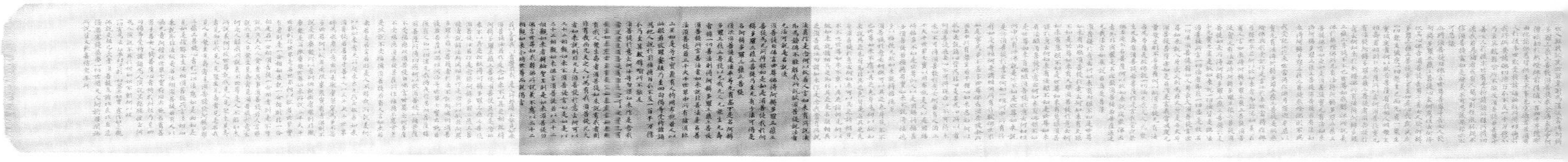

此般若波羅蜜經乃至四句偈等受持讀誦
為他人說扵前福德百分不及一百千万億
分乃至筭數譬喻所不能及
須菩提扵意云何汝等勿謂如來作是念我
當度衆生須菩提莫作是念何以故實无有
衆生如來度者若有衆生如來度者如來則
有我人衆生壽者須菩提如來說有我者則
非有我而凡夫之人以為有我須菩提凡夫
者如來說則非凡夫須菩提扵意云何可以
三十二相觀如來不須菩提言如是如是以
三十二相觀如來佛言須菩提若以三十二
相觀如來者轉輪聖王則是如來須菩提白
佛言世尊如我解佛所說義不應以三十二
相觀如來尒時世尊而說偈言

BD00965　金剛般若波羅蜜經

佛言世尊如我解佛所說義不應以三十二
相觀如来尒時世尊而說偈言
若以色見我 以音聲求我 是人行邪道 不能見如来
須菩提汝若作是念如来不以具足相故得
阿耨多羅三藐三菩提須菩提莫作是念如
来不以具足相故得阿耨多羅三藐三菩提
須菩提汝若作是念發阿耨多羅三藐三菩
提者說諸法斷滅相莫作是念何以故發阿耨
多羅三藐三菩提者於法不說斷滅相須菩
提若菩薩以滿恒河沙等世界七寶布施若
復有人知一切法无我得成於忍此菩薩勝
前菩薩所得功德何以故須菩提以諸菩薩
不受福德故須菩提白佛言世尊云何菩薩
不受福德須菩提菩薩所作福德不應貪著

是故說不受福德須菩提若有人言如来若
来若去若坐若卧是人不解我所說義何
以故如来者无所從来亦无所去故名如来
須菩提若善男子善女人以三千大千世界
碎為微塵於意云何是微塵衆寧為多不甚
多世尊何以故若是微塵衆實有者佛則不
說是微塵衆所以者何佛說微塵衆則非微
塵衆是名微塵衆世尊如来所說三千大千
世界則非世界是名世界何以故若世界實
有者則是一合相如来說一合相則非一合
相是名一合相須菩提一合相者則是不可
說但凡夫之人貪着其事須菩提若人言解
說我見人見衆生見壽者見須菩提於意云

說但凡夫之人貪著其事須菩提若人言佛
說我見人見衆生見壽者見須菩提於意云
何是人解我所說義不世尊是人不解如来
所說義何以故世尊說我見人見衆生見壽
者見即非我見人見衆生見壽者見是名我
見人見衆生見壽者見須菩提發阿耨多羅
三藐三菩提心者於一切法應如是知如是
見如是信解不生法相須菩提所言法相如
来說即非法相是名法相須菩提若有人以
滿无量阿僧祇世界七寶持用布施若有善
男子善女人發菩薩心者持於此經乃至四
句偈等受持讀誦為人演說其福勝彼云何
為人演說不取於相如如不動何以故
一切有為法　如夢幻泡影　如露亦如電　應作如是觀

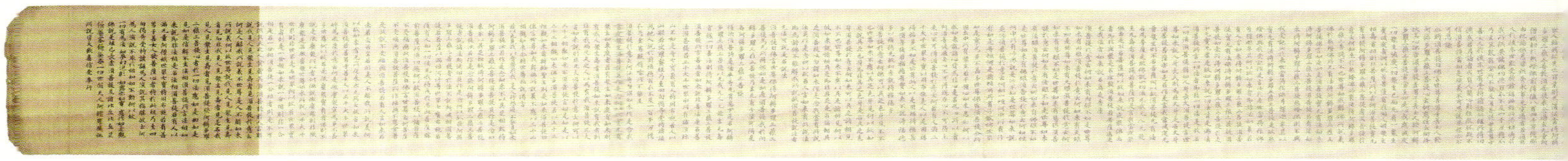

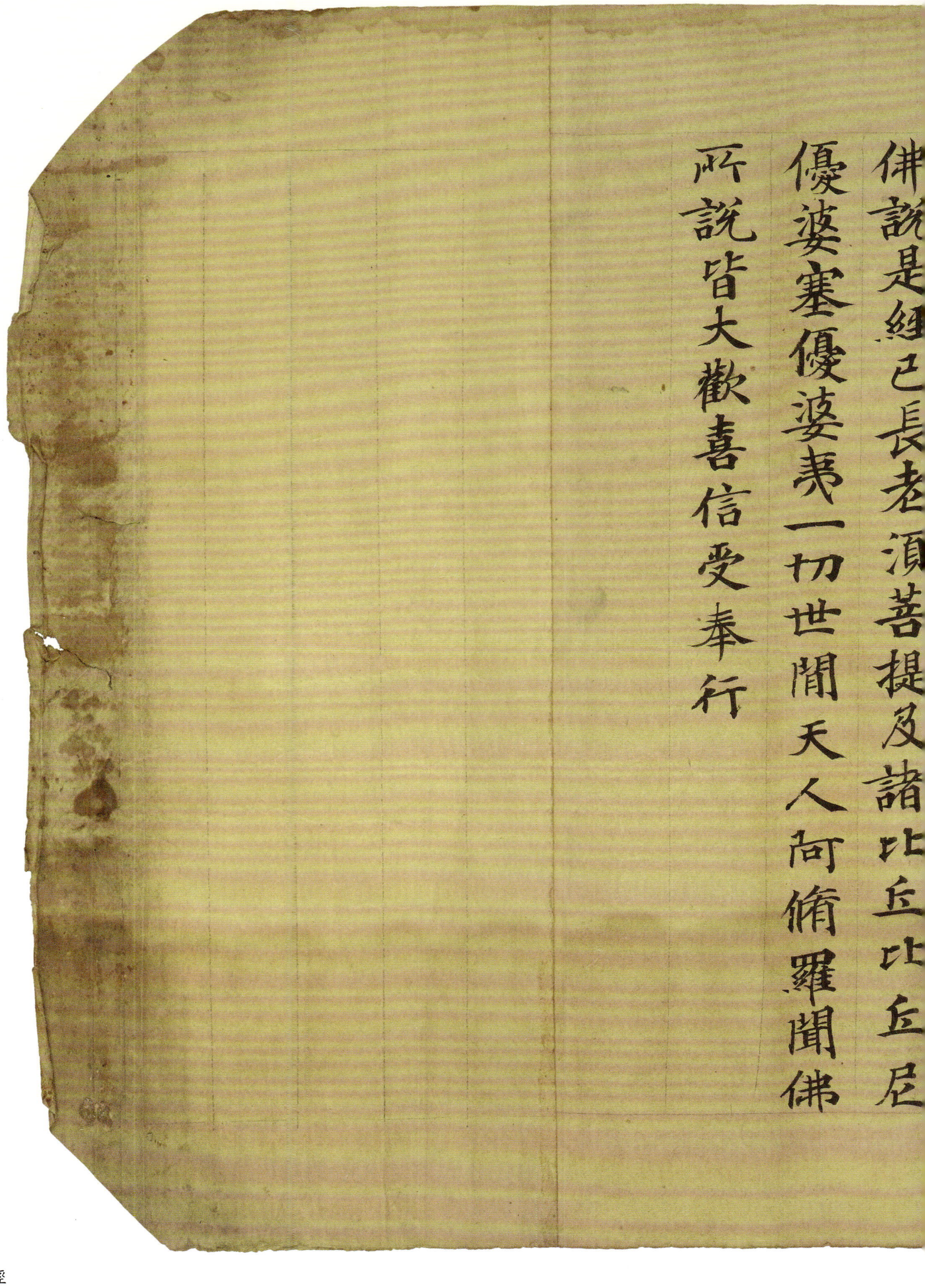

佛說是經已長老須菩提及諸比丘比丘尼
優婆塞優婆夷一切世間天人阿脩羅聞佛
所說皆大歡喜信受奉行

BD00965　金剛般若波羅蜜經

BD00966

藥師琉璃光如來本願功德經

（唐）玄奘 譯

483.8cm × 26.5cm

上月幽冥衆生悉蒙開
曉隨意所趣作
第三大願願我來世得菩提時以无量无
邊智慧方便令諸有情皆得无盡所受用
物莫令衆生有所乏少
第四大願願我來世得菩提時若諸有情行
邪道者悉令安住菩提道中若行聲聞獨
覺乘者皆以大乘而安立之
第五大願願我來世得菩提時若有无量
无邊有情於我法中脩行梵行一切皆令得
不缺戒具三聚戒設有毀犯聞我名已還得
清淨不墮惡趣
第六大願願我來世得菩提時若諸有情
其身下劣諸根不具醜陋頑愚盲聾瘖瘂

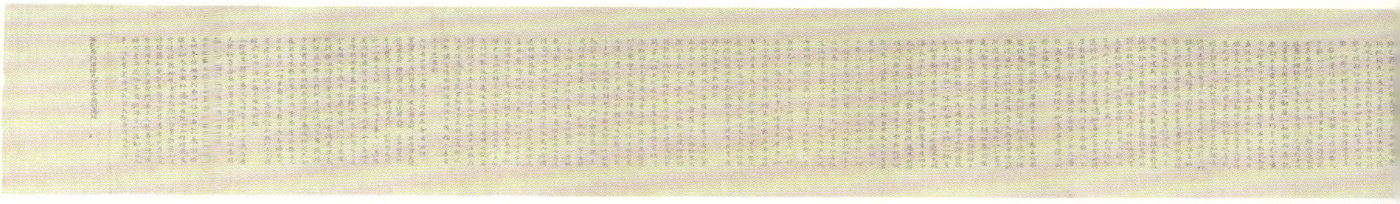

孿躄背僂白癩癲狂種種病苦聞我名已
一切皆得端政黠慧諸根完具无諸疾苦
第七大願願我來世得菩提時若諸有情衆
病逼切无救无歸无醫无藥无親无家貧窮
多苦我之名号一經其耳衆病悉除身心安
樂家屬資具悉皆豊足乃至證得无上菩提
第八大願願我來世得菩提時若有女人爲
女百惡之所逼惱極生厭離願捨女身聞我
名已一切皆得轉女成男具丈夫相乃至證
得无上菩提
第九大願願我來世得菩提時令諸有情出
魔羂網解脫一切外道纏縛若墮種種惡見
稠林皆當引攝置於正見漸令脩習諸菩薩
行速證无上正等菩提
第十大願願我來世得菩提時若諸有情王

行速證无上正等菩提
第十大願願我來世得菩提時若諸有情王
法所縛錄鞭撻繫閉牢獄或當刑戮及餘
无量災難陵辱悲愁煎迫身心受苦若聞我
名以我福德威神力故皆得解脫一切憂苦
第十一大願願我來世得菩提時若諸有情
飢渴所惱爲求食故造諸惡業得聞我名專
念受持我當先以上妙飲食飽足其身後
以法味畢竟安樂而建立之
第十二大願願我來世得菩提時若諸有情
貧无衣服蚊䖟寒熱晝夜逼惱若聞我名專
念受持如其所好即得種種上妙衣服亦得
一切寶莊嚴具華鬘塗香鼓樂衆伎隨心
所翫皆令滿足
曼殊室利是爲彼世尊藥師瑠璃光如來應

正等覺行菩薩道所發十二微妙上願
復次曼殊室利彼世尊藥師瑠璃光如來本
行菩薩道時所發大願及彼佛土功德莊嚴
我若一劫若一劫餘說不能盡然彼佛土一向清
淨无有女人亦无惡趣及苦音聲瑠璃為地
金繩界道城闕宮閣軒窓羅網皆七寶成
亦如西方極樂世界功德莊嚴等无差別
於其國中有二菩薩摩訶薩一名日光遍照
二名月光遍照是彼无量无數菩薩衆之上
首悉能持彼世尊藥師瑠璃光如來正法寶
是故曼殊室利諸有信心善男子善女人等
應當願生彼佛世界
尒時世尊復告曼殊室利童子言曼殊室
利有諸衆生不識善惡唯懷貪悋不知布施及

利有諸衆生不識善惡唯懷貪悋不知布施及施果報愚癡无智闕於信根多聚財寶勤加守護見乞者來其心不喜設不獲已而行施時如割身肉深生痛惜復有无量慳貪有情積集資財於其自身尚不受用何況能與父母妻子奴婢作使及來乞者彼諸有情從此命終生餓鬼界或傍生趣由昔人間曾得暫聞藥師瑠璃光如來名故今在惡趣暫得憶念彼如來名即於念時從彼處沒還生人中得宿命念畏惡趣苦不樂欲樂好行惠施讚歎施者一切所有悉无貪惜漸次尚能以頭目手足血肉身分施來求者況餘財物。

復次曼殊室利若諸有情雖於如來受諸學

處而破尸羅有雖不破尸羅而破軌則有於
尸羅軌則雖得不壞然毀正見有雖不毀正
見而棄多聞於佛所說契經深義不能解
了有雖多聞而增上慢由增上慢覆蔽心故
自是非他嫌謗正法為魔伴黨如是愚人自
行邪見復令无量俱胝有情墮大險坑此諸
有情應於地獄傍生鬼趣流轉无窮若得聞
此藥師瑠璃光如來名号便捨惡行脩諸善法
不墮惡趣設有不能捨諸惡行脩行善法墮
惡趣者以彼如來本願威力令其現前暫聞
名号從彼命終還生人趣得正見精進善調
意樂便能捨家趣於非家如來法中受持學
處无有毀犯正見多聞解甚深義離增上慢
不謗正法不為魔伴漸次脩行諸菩薩行速

不謗正法不爲魔伴漸次脩行諸菩薩行速
得圓滿
復次曼殊室利若諸有情慳貪嫉妬自讚毀
他當墮三惡趣中无量千歲受諸劇苦受劇
苦已從彼命終還生人間作牛馬駝驢恒被
鞭撻飢渴逼惱又常負重隨路而行或得爲
人生居下賤作人奴婢受他駈役恒不自在
若昔人中曾聞世尊藥師瑠璃光如來名号
由此善因今復憶念至心歸依以佛神力衆
苦解脫諸根聰利智慧多聞恒求勝法常遇
善友永斷魔羂破无明㲉竭煩惱河解脫一
切生老病死憂悲苦惱
復次曼殊室利若諸有情好憙乖離更相鬪
訟惱亂自他以身語意造作增長種種惡業

展轉常為不饒益事互相謀害告召山林
樹塚等神殺諸衆生取其血宍祭祀藥叉羅剎
婆等書怨人名作其形像以惡呪術而呪咀
之厭媚蠱道呪起屍鬼令斷彼命及壞其身
是諸有情若得聞此藥師瑠璃光如來名号
彼諸惡事悉不能害一切展轉皆起慈心利
益安樂无損惱意及嫌恨心各各歡悅於自
所受生於喜足不相侵淩互為饒益
復次曼殊室利若有四衆苾芻苾芻尼鄔波
索迦鄔波斯迦及餘淨信善男子善女人等
有能受持八分齋戒或經一年或復三月受
持學處以此善根願生西方極樂世界无量
壽佛所聽聞正法而未定者若聞世尊藥師
瑠璃光如來名号臨命終時有八菩薩乘神通

瑠璃光如來名号臨命終時有八菩薩乘神通
來示其道路即於彼界種種雜色衆寶華中
自然化生或有因此生於天上雖生天中而
本善根亦未窮盡不復更生諸餘惡趣天
上壽盡還生人間或爲輪王統攝四洲威德
自在安立无量百千有情於十善道或生剎
帝利婆羅門居士大家多饒財寶倉庫盈
溢形相端嚴眷屬具足聦明智慧勇健威
猛如大力士若是女人得聞世尊藥師瑠璃光
如來名至心受持於後不復更受女身
尒時曼殊室利童子白佛言世尊我當誓於
像法轉時以種種方便令諸淨信善男子善
女人等得聞世尊藥師瑠璃光如來名号乃
至垂中亦以佛名覺悟其耳世尊若於此經

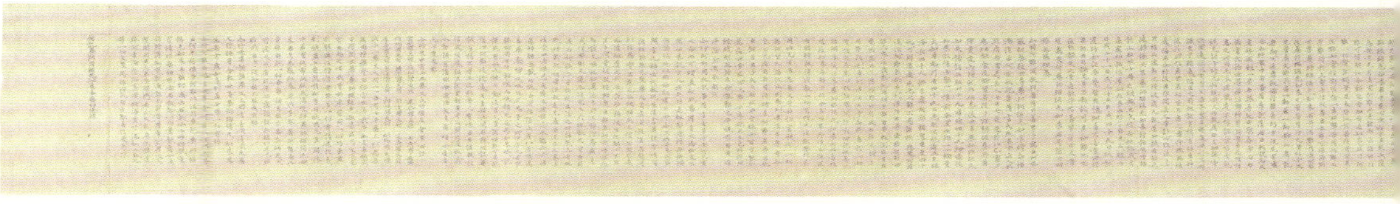

受持讀誦或復為他演說開示若自書若使
人書恭敬尊重以種種華香塗香抹香燒香
花鬘瓔珞幡蓋伎樂而為供養以五色綵作
囊盛之掃灑淨處敷設高座而用安處爾時
四大天王與其眷屬及餘无量百千天眾皆
詣其所供養守護世尊若此經寶流行之
處有能受持以彼世尊藥師瑠璃光如來本願
功德及聞名号當知是處无復橫死亦復不
為諸惡鬼神奪其精氣設已奪者還得如
故身心安樂
佛告曼殊室利如是如是如汝所說曼殊室
利若有淨信善男子善女人等欲供養彼世
尊藥師瑠璃光如來者應先造立彼佛形像
敷清淨座而安處之散種種花燒種種香以
種種幢幡莊嚴其處七日七夜受八分齋

BD00966　藥師琉璃光如來本願功德經

種種幢幡莊嚴其處七日七夜受八分齋
戒食清淨食澡浴香潔著新淨衣應生
无垢濁心无怒害心於一切有情起利益安樂慈悲
喜捨平等之心鼓樂歌讚右遶佛像復應
念彼如來本願功德讀誦此經思惟其義
演說開示隨所樂願一切皆遂求長壽得長
壽求富饒得富饒求官位得官位求男女得
男女若復有人忽得惡夢見諸惡相或怪
鳥來集或於住處百怪出現此人若以衆妙
資具恭敬供養彼世尊藥師瑠璃光如來
者惡夢惡相諸不吉祥皆悉隱沒不能爲患
或有水火刀毒懸嶮惡象師子虎狼熊羆毒
虵惡蠍蜈蚣蚰蜒蚊虻等怖若能至心憶念彼佛
恭敬供養一切怖畏皆得解脫若他國侵擾盜
賊反亂憶念恭敬彼如者亦皆解脫

復次曼殊室利若有淨信善男子善女人
等乃至盡形不事餘天唯當一心歸佛法僧
受持禁戒若五戒十戒菩薩四百戒苾芻二
百五十戒苾芻尼五百戒於所受中或有毀犯
怖墮惡趣若能專念彼佛名号恭敬供養者
必定不受三惡趣生或有女人臨當産時受
於極苦若能至心稱名礼讚恭敬供養彼如
来者衆苦皆除所生之子身分具足形色端
正見者歡喜利根聰明安隱少病无有非人
奪其精氣
尒時世尊告阿難言如我稱揚彼佛世尊藥
師琉璃光如来所有功德此是諸佛甚深行
處難可解了汝為信不阿難白言大德世尊
我於如来所說契經不生疑惑所以者何一切如
来身語意業无不清淨世尊此日月輪可令

來身語意業无不清淨世尊此日月輪可令
墮落妙高山王可使傾動諸佛所言无有
異也世尊有諸衆生信根不具聞說諸佛
甚深行處作是思惟云何但念藥師琉璃光
如來一佛名号便獲尒所功德勝利由此不信
返生誹謗彼於長夜失大利樂墮諸惡趣流
轉无窮佛告阿難是諸有情若聞世尊藥
師琉璃光如來名号至心受持不生疑惑墮
惡趣者无有是處阿難此是諸佛甚深所行
難可信解汝今能受當知皆是如來威力阿
難一切聲聞獨覺及未登地諸菩薩等皆悉
不能如實信解唯除一生所繫菩薩阿難人
身難得於三寶中信敬尊重亦難可得得聞
世尊藥師琉璃光如來名号復難於是阿難
彼藥師琉璃光如來无量菩薩行无量巧方便

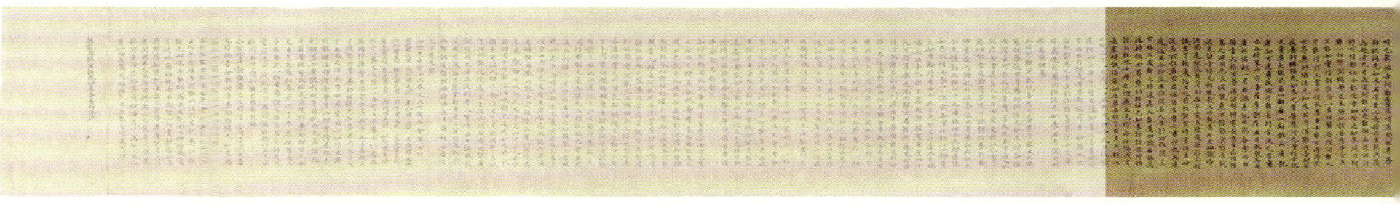

无量廣大願我若一劫若一劫餘而廣說
者劫可速盡彼佛行願善巧方便无有盡
也尒時衆中有菩薩摩訶薩名曰救脱即從
座起偏袒一肩右膝著地曲躬合掌而白
佛言大德世尊像法轉時有諸衆生為種種
患之所困厄長病羸瘦不能飲食喉脣乾
燥見諸方暗死相現前父母親屬朋友知識啼
泣圍遶然彼自身卧在本處見琰魔使引其神
識至于琰魔法王之前然諸有情有俱生神
隨其所作若罪若福皆具書之盡持授與琰
魔法王尒時彼王推問其人筭計所作隨其
罪福而處斷之時彼病人親屬知識若能為
彼歸依世尊藥師瑠璃光如來請諸衆僧轉
讀此經然七層之燈懸五色續命神幡或有
是處神識得還如在夢中明了自見或經七

BD00966　藥師琉璃光如來本願功德經

是處神識得還如在夢中明了自見或經七
日或二十一日或三十五日或四十九日彼識
還時如從夢覺皆自憶知善不善業所得
果報由自證見業果報故乃至命難亦不
造作諸惡之業是故淨信善男子女人等
皆應受持藥師瑠璃光如來名号隨力所
能恭敬供養
尒時阿難問救脫菩薩曰善男子應云何恭
敬供養彼世尊藥師瑠璃光如來續命幡
燈復云何造救脫菩薩言大德若有病人欲
脫病苦當為其人七日七夜受持八分齋戒
應以飲食及餘資具隨力所辦供養苾蒭
僧晝夜六時礼拜供養彼世尊藥師瑠璃光
如來讀誦此經四十九遍然四十九燈造彼
如來形像七軀一一像前各置七燈一一燈量

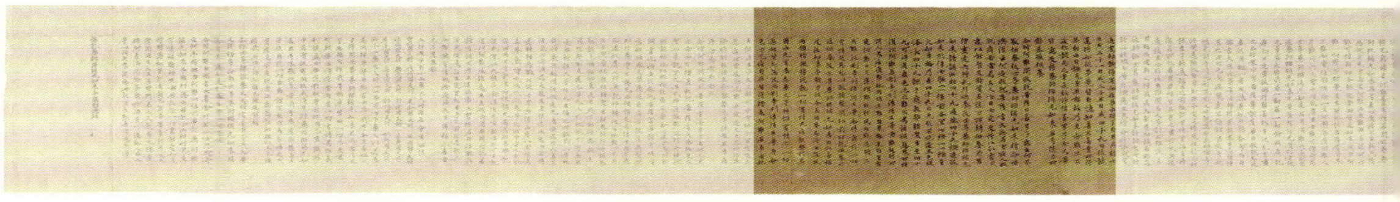

大如車輪乃至四十九日光明不絕造五色綵
幡長四十九搩手應放雜類衆生至四十
九可得過度危厄之難不爲諸橫惡鬼所持
復次阿難若剎帝利灌頂王等災難起時所
謂人衆疾疫難他國侵逼難自界叛逆難星宿
變怪難日月薄蝕難非時風雨難過時不
雨難彼剎帝利灌頂王等尒時應於一切
有情起慈悲心赦諸繫閉依前所說供養之
法供養彼世尊藥師瑠璃光如來由此善根
及彼如來本願力故令其國界即得安隱風
雨順時穀稼成熟一切有情无病歡樂於其
國中无有暴惡藥叉等神惱有情者一切
惡相皆即隱沒而剎帝利灌頂王等壽命
色力无病自在皆得增益阿難若帝后妃

BD00966　藥師琉璃光如來本願功德經

色力无病自在皆得增益阿難若帝后妃
主儲君王子大臣輔相中宮綵女百官黎庶
爲病所苦及餘厄難亦應造立五色神幡然
燈續明放諸生命散雜色華燒衆名香病
得除愈衆難解脫
尒時阿難問救脫菩薩言善男子云何已盡
之命而可增益救脫菩薩言大德汝豈不
聞如來説有九横死邪是故勸造續命幡燈
脩諸福德以脩福故盡其壽命不經苦患阿難
問言九横云何救脫菩薩言若諸有情得
病雖輕然无醫藥及看病者設復遇醫授
以非藥實不應死而便横死又信世間邪魔
外道妖孽之師妄説禍福便生恐動心不自
正卜問覓禍殺種種衆生解奏神明呼諸魍
魎請乞福祐欲冀延年終不能得愚痴迷

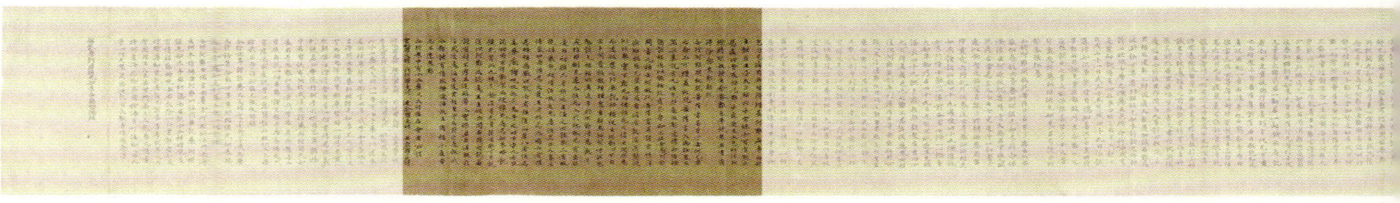

或信邪倒見遂令橫死入於地獄无有出期
是名初橫二者橫被王法之所誅戮三者畋
獵嬉戲躭婬嗜酒放逸无度橫為非人奪其
情氣四者橫為火焚五者橫為水溺六者橫
為種種惡獸所噉七者橫墮山崖八者橫為
毒藥厭禱呪咀起屍鬼等之所中害九者飢
渴所困不得飲食而便橫死是為如來略說
橫死有此九種其餘復有无量諸橫難可具說
復次阿難彼琰魔王主領世間名籍之記若
諸有情不孝五逆破辱三寶壞君臣法毀於
信戒琰魔法王隨罪輕重考而罰之是故我
今勸諸有情然燈造旛放生脩福令度苦
厄不遭衆難
尒時衆中有十二藥叉大將俱在會坐所謂
宮毗羅大將　伐折羅大將　迷企羅大將　安底羅大將

BD00966　藥師琉璃光如來本願功德經

尒時衆中有十二藥叉大将俱在會坐所謂
宮毗羅大将　伐折羅大将　迷企羅大将　安底羅大将
頞你羅大将　珊底羅大将　因達羅大将　波夷羅大将
摩虎羅大将　真達羅大将　招杜羅大将　毗羯羅大将
此十二藥叉大将一一各有七千藥叉以為眷
屬同時舉聲白佛言世尊我等今者蒙佛威
力得聞世尊藥師瑠璃光如来名号不復更
有悪趣之怖我等相率皆同一心乃至盡
形歸佛法僧誓當荷負一切有情為作義
利饒益安樂隨於何等村城國邑空閑林
中若有流布此經或復受持藥師瑠璃光如
来名号恭敬供養者我等眷屬衛護是人
皆使解脫一切苦難諸有願求悉令滿足或
有疾厄求度脫者亦應讀誦此經以五色縷
結我名字得如願已然後解結

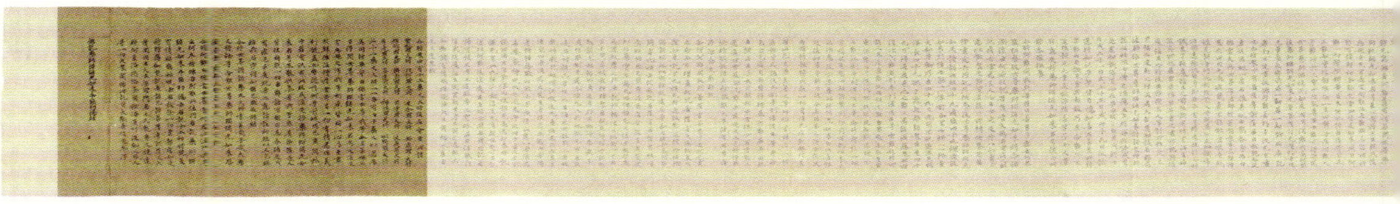

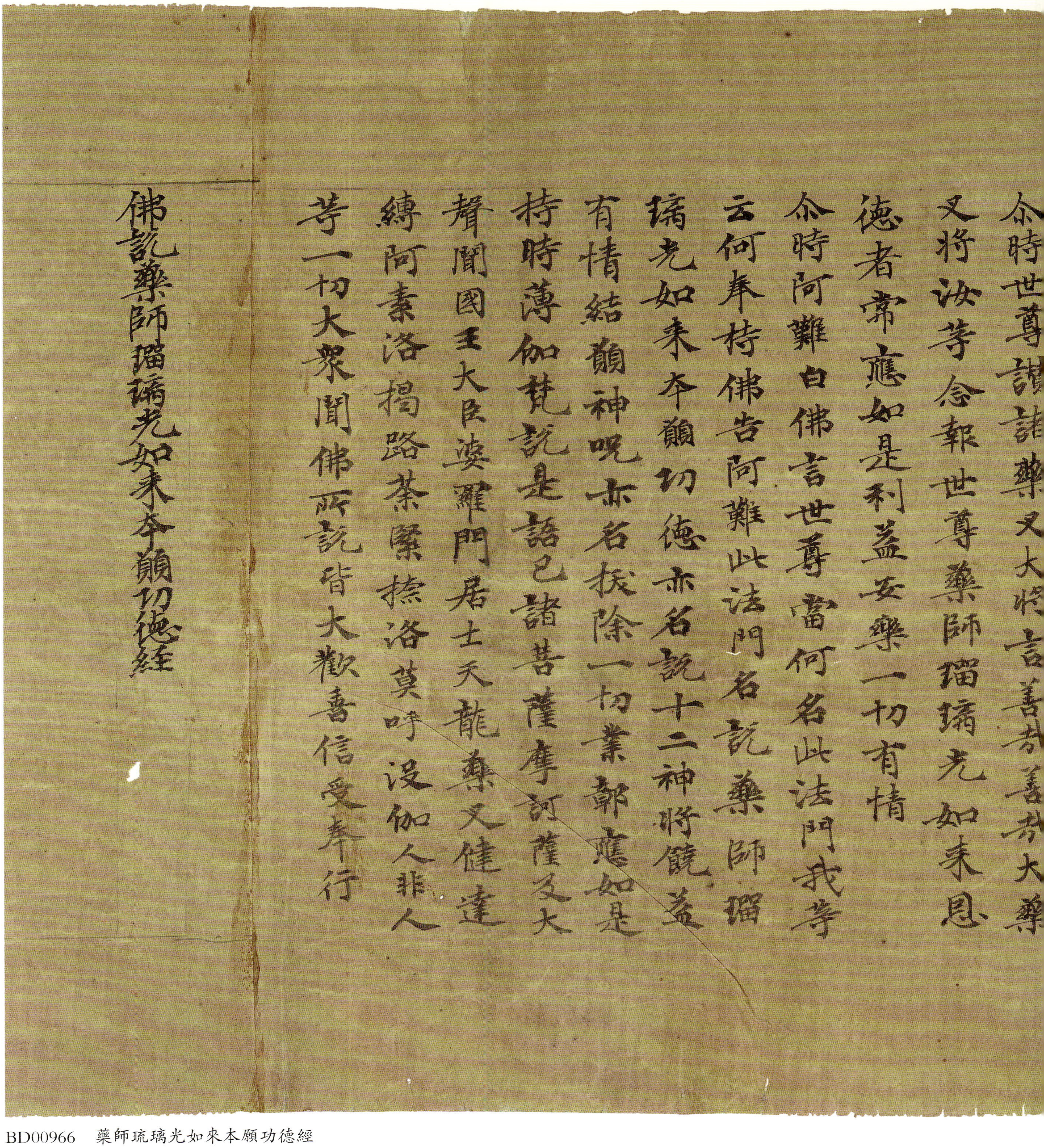

尒時世尊讚諸藥叉大將言善哉善哉大藥
叉將汝等念報世尊藥師瑠璃光如來恩
德者常應如是利益安樂一切有情
尒時阿難白佛言世尊當何名此法門我等
云何奉持佛告阿難此法門名說藥師瑠
璃光如來本願功德亦名說十二神將饒益
有情結願神呪亦名拔除一切業鄣應如是
持時薄伽梵說是語已諸菩薩摩訶薩及大
聲聞國王大臣婆羅門居士天龍藥叉揵達
縛阿素洛揭路荼緊捺洛莫呼洛伽人非人
等一切大眾聞佛所說皆大歡喜信受奉行

佛說藥師瑠璃光如來本願功德經

BD00966　藥師琉璃光如來本願功德經

佛説藥師瑠璃光如来本願功德經

BD00966　藥師琉璃光如來本願功德經